*Rédaction : Suzanne Agnely et Jean Barraud, assistés de
J. Bonhomme, N. Chassériau et L. Aubert-Audigier.
Iconographie : A.-M. Moyse, assistée de N. Orlando.
Mise en pages : E. Riffe, d'après une maquette de H. Serres-Cousiné.
Correction : L. Petithory, B. Dauphin, P. Aristide.
Cartes : D. Horvath.*

*Iconographie : tous droits réservés à A. D. A. G. P. et S. P. A. D. E. M.
pour les œuvres artistiques de leurs adhérents.
ISBN 2-03-013467-8*

la Grèce

les îles des moines hospitaliers

(Chypre, Rhodes, Malte)

la Yougoslavie

l'Albanie

Librairie Larousse

17, rue du Montparnasse, 75006 Paris.

ERRATA

Grèce

p. 19, 1re colonne, 3e ligne. Lire : ...temple d'Asclépios, où une fosse aurait contenu la statue d'ivoire et d'or du dieu guérisseur, mais le...

p. 24, 3e colonne, avant-dernière ligne. Lire : ... les bombardements italiens de 1943...

p. 38, 1re colonne, 8e ligne. Lire : La Crète d'il y a 4 000 ans...

Yougoslavie

p. 14, 2e colonne, légende. Lire : *Nécropole bogomile...*

Notre couverture :
Terre aride, rongée par la mer et les vents, quasi inhabitée, Délos, l'île sacrée, n'est plus qu'un vaste champ de ruines.
Phot. Von Rettig-Pitch.

la Grèce

le continent
page 1
rédigé par Jacques-Louis Delpal

YOUGOSLAVIE

BULGARIE

ALBANIE

MACÉDOINE

THRACE

TURQUIE

Xanthi

Philippes

Komotini

Serrès

Amphipolis

Kavalla

Alexandroupolis

Pella

I Kastoria

Verria

Thasos

Thessalonique

CHALCIDIQUE

Kozani

Mt Olympe
+ 2917

Ouranopolis

Mt Athos
+ 2033

Smolikas
+ 2687

Golfe de
Thessalonique

Monts

Ioannina

Météores

Igouménitsa

Dodone

Kalambaka

Tzoumerka
+ 2469

THESSALIE

Volo

Corfou

du

Parga

ÉPIRE

Démétrias

Mytilène

Nékromanteion

Arta

Pinde

SPORADES
DU NORD

Nicopolis

MER

Lamia

ÎLES IONIENNES

Stratos

Thermopyles

EUBÉE

Mt Parnasse
+ 2457

Delphes

Chalcis

Livadia

ÉGÉE

Thèbes

ATTIQUE

Patras

Golfe de Corinthe

Éleusis

Erymanthe
+ 2220

ATHÈNES

PÉLOPONNÈSE

Corinthe

Le Pirée

Pyrgos

Mycènes

Olympie

Tirynthe

Tripolis

Épidaure

MER IONIENNE

Bassæ

Nauplie

Mégalopolis

CYCLADES

Messène

Mt

Sparte

Pylos

Taygète

Mystra

Aréopolis

Monemvasia

Ghérolimin

0   50   100 km

Cythère

MER MÉDITERRANÉE

Grèce

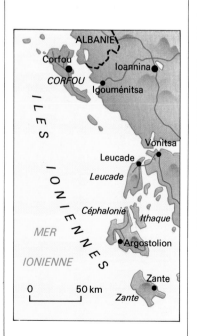

la Grèce

les îles
page 21
rédigé par Jacques-Louis Delpal

Kavalla

Alexandroupolis

TURQUIE

Thasos
Thasos

Samothrace

CHALCIDIQUE

MER DE THRACE

Lemnos

Myrina

*Haghios
Evstratios*

*MYTILÈNE
(Lesbos)*

Molyvos

Mytilène

Skiathos

Alonissos

Skopélos

*SPORADES
DU NORD*

Skyros

CHIO

Psara

Chio

Kymi

Chalcis

EUBÉE

Thèbes

ATHÈNES
Le Pirée

Salamine

Karystos

Samos

Vathy

TURQUIE

Égine

Andros Andros

Kéa

Tinos

Icaria

Fourni

Kythnos

Tinos

Syros Délos

Mykonos

Patmos

Lipsi

Hydra

CYCLADES

Sérifos

Paros

Naxos

Naxos

Léros

Kalymnos

Cos

Siphnos

Antiparos

Cos

DODÉCANÈSE

Milo

Kimolos

Amorgos

Symi

Milo

Sikinos

Ios

Astypaléa

Nisyros

Folégandros

Anafi

Tilos

Rhodes

Théra

Chalki

RHODES

Néapolis

Cythère

Kythira

MER DE CRÈTE

Karpathos

MER

Pigadia

Anticythère

La Canée

CRÈTE

Réthymnon

Kassos

MÉDITERRANÉE

Lefka Ori
+ 2482

Psiloriti
+ 2457

Héracleion

Haghios Nicolaos

Dicté 2148
+

Sitia

Paléochora

Gavdos

îles grecques

ALBANIE

Corfou

Ioannina

CORFOU

Igouménitsa

ILES

Vonitsa

Leucade

Leucade

IONIENNES

Céphalonie

Ithaque

MER

Argostolion

IONIENNE

Zante

Zante

0   50 km

0   50   100 km

les îles des moines hospitaliers

rédigé par Michel Lefebvre

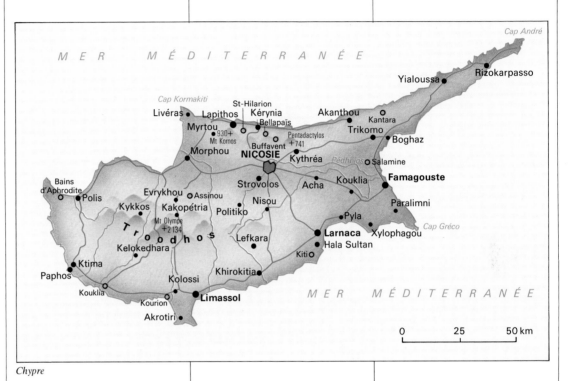

Chypre

MER MÉDITERRANÉE

Cap André

Cap Kormakiti
Livéras · Lapithos · St-Hilarion · Kérynia · Akanthou · Kantara
Myrtou · Bellapaïs · Trikomo · Boghaz
930+ Mt Kornos · Pentadactylos +741
Morphou · Buffavent · **NICOSIE** · Kythréa · *Pédhélos* · Salamine
Strovolos · Acha · Kouklia · **Famagouste**
Bains d'Aphrodite · Evrykhou · Assinou
Polis · Nisou · Paralimni
Kykkos · Kakopétria · Politiko · Pyla · Cap Gréco
Mt Olympe +2134 · **T r o o d h o s** · Lefkara · **Larnaca** · Xylophagou
Kelokedhara · Hala Sultan · Kiti
Ktima · Khirokitia
Paphos · Kolossi · MER MÉDITERRANÉE
Kouklia · Kourion · **Limassol**
Akrotiri

Yialoussa · Rizokarpasso

0   25   50 km

MER
MÉDITERRANÉE

Victoria · Ggantija
Nadur
Kewkija
GOZO
Comino
Marfa
MER
MÉDITERRANÉE
St Paul's Bay
Gharghur
Ghajn Tuffieha · Sliema
Mgarr · **La Valette**
Balzan
Mosta · Vittoriosa
Mdina · Hamrun · Zabbar
Rabat · Hal Saflieni · Tarxien
Dingli · Zebbug · Luqa · Zejtun
Siggiewi · Zurrieq
Hagar · Qim · Ghar Dalam
Mnajdra · **MALTE**

0   5 km

Malte

MER
MÉDITERRANÉE
Pétaloudès
Vallon des Papillons · **Rhodes**
Ialysos
Kalavarda · +Mt Philérimos
I. Alimia · Camiros
Chalki · Embonas · Kallithéa
Mt Atabyros 1215+ · Archanghélos
Monolithos · Laerma · Malona
Itrios · Lárdos
Messanagros · Lindos
Ghénadion
Katavia · Lachania

0   20km

Rhodes

la Yougoslavie

rédigé par Pierre d'Ursel

Yougoslavie, Albanie

la Grèce

Un continent déchiqueté par la mer, un chapelet d'îles dont les noms chantent : la terre des mythes et du soleil épouse la Méditerranée... À la charnière des Balkans et de l'Asie Mineure, la Grèce aux reliefs tumultueux, aux paysages secs écrasés de lumière et aux ruines illustres est le plus oriental des pays de l'Europe du Sud. S'arrachant aujourd'hui au sous-développement, sans perdre son âme ni son pittoresque, elle n'a conquis son indépendance et réalisé l'essentiel de son unité qu'au XIXᵉ siècle, après des luttes sanglantes contre l'occupant turc. Formée tardivement, cette nation moderne est cependant l'héritière de la communauté la plus ancienne d'Europe, le berceau de la civilisation occidentale. Les cités et l'art y apparurent il y a quelque 4 000 ans, des sociétés évoluées s'épanouirent et déclinèrent entre 2000 et 1000, et Athènes connut son apogée au Vᵉ siècle av. J.-C. Alors que Rome sortait à peine du limon étrusque, la notion d'hellénisme se développait, les Grecs des différentes cités se considérant comme les membres d'une même famille, unie face à la barbarie.

La Grèce aux côtes burinées est un puzzle de régions et d'îles où le plus-que-passé émerge continuellement dans le présent. Un voyage touristique s'y double d'un pèlerinage dans l'histoire : on bronze à proximité des ruines antiques, le tissu urbain moderne se relâche autour des champs de fouilles et des temples, des cheminées d'usine menacent le ciel près d'Éleusis (où la déesse Déméter offrit à l'humanité le premier épi de blé), l'Acropole veille désormais sur un quartier populeux, Mykonos la vacancière est ancrée à quelques encablures de l'île d'Apollon, Délos, qu'encerclent les Cyclades. La Grèce du tourisme garde la mémoire de ses dieux et de ses héros, baptise ses grands hôtels climatisés « Poséidon », « Hermès », « Aphrodite » ou « Ulysse », offre à ses visiteurs la rêverie archéologique avec le farniente-bronzage...

Autant que le climat, la langue et le type humain, le passé glorieux cimente cette mosaïque géographique qu'est la Grèce. Les dieux de l'Olympe régnaient sur ce pays dont la luminosité et les manteaux de maquis ne dissimulent qu'incomplètement les contrastes. Les îles diffèrent les unes des autres, et la Grèce continentale elle-même est très diverse : la montagne domine, avec quelques sommets dépassant 2 000 m, et l'ossature rocheuse, les bras de mer et les rivières torrentielles dessinent des ensembles complexes. Après la foudroyante floraison des narcisses et des

▲
Femmes travaillant aux champs, dans les environs d'Olympie.
Phot. J. Bottin

Tête de guerrier du siècle de Périclès, provenant du temple d'Aphaia à Égine. (Musée national d'Athènes.)
Phot. Loirat-C. D. Tétrel

Histoire
Quelques repères

L'histoire grecque couvre plus de quatre millénaires. L'extraordinaire civilisation crétoise s'est développée dès 2700 av. J.-C.; la période mycénienne s'étend de 1500 à 1100 environ. Le pays a été submergé par les Doriens à partir de 1200 av. J.-C. Une nouvelle civilisation apparut avec l'époque du style dit « géométrique » (après 1100). La période archaïque (de 750 à 500) vit se concrétiser la notion essentielle d'hellénisme. Au VIIIe s. av. J.-C., deux cités dominèrent le monde hellène : Sparte la guerrière, prototype des dictatures ; Athènes, où se développait la démocratie.

Après les guerres médiques (contre les Perses), Athènes, commerçante et intellectuelle, connut son apogée au siècle de Périclès (Ve s. av. J.-C.); elle fut défaite à Aigos-Potamos en 405, mais conserva son éclat. Philippe de Macédoine, auquel Alexandre le Grand succéda en 336 av. J.-C., imposa son autorité au monde grec, puis ce fut le déclin (fin du IVe s. et IIIe s. av. J.-C.).

Les Romains imposèrent leur autorité à partir du IIe s. av. J.-C. Après les premières invasions barbares (IIIe s. de notre ère), la Grèce sombra dans l'obscurité : les derniers jeux Olympiques eurent lieu en 393.

Rattachée à l'Empire byzantin à la fin du IVe s., ravagée par de nombreux envahisseurs, la Grèce fut partagée entre les Vénitiens et les princes francs. Les Turcs annexèrent peu à peu le continent et les îles. Leur extension s'arrêta à la fin du XVIIe s., par l'abandon d'Égine et du Péloponnèse aux Vénitiens. La conscience nationale grecque s'est réveillée au XIXe s., alors que l'Empire turc se décomposait. La Grèce a conquis une indépendance partielle dans les années 1830, la réunion de tout le territoire (Enôsis) ne se réalisant qu'au XXe s.

violettes, l'été brûle partout; les bourgs blancs et les villages perchés se ressemblent souvent, mais chaque région reste bien caractérisée, sous l'apparente uniformité méditerranéenne.

La Grèce, très morcelée, est faiblement peuplée. Après s'être accrochés pendant des générations aux rares terres cultivables d'un pays rocheux et ingrat, les paysans émigrent vers les régions industrielles, dont le ciel s'obscurcit de fumée : Athènes, Thessalonique, Volo ou Patras. Beaucoup s'expatrient : il existe une importante colonie grecque aux États-Unis, et des dizaines de milliers de « travailleurs émigrés » vivent en Allemagne de l'Ouest, en Australie, au Canada, en Belgique. Dans les secteurs déshérités de la Macédoine et du Péloponnèse, les blancs villages sont à demi abandonnés. Les volets se ferment devant le soleil dur de midi, mais aussi pour cacher le vide des humbles maisonnettes : les jeunes sont partis, laissant derrière eux le pope barbu, les femmes âgées invariablement vêtues de noir et coiffées d'un fichu, les vieux à casquette, chemise à carreaux ou pull-over de grosse laine... Les paysans sont souvent très pauvres, mais ils font preuve d'une noblesse et d'une générosité étonnantes : l'étranger est accueilli en ami, les problèmes de langue s'oublient vite devant un verre de vin âpre, accompagné de charcuteries fraîches si c'est l'époque où l'on tue le cochon.

Les Grecs sont ouverts, sociables, bavards, fiers de leur ville ou de leur bourgade. Ils ont le sens de la fête autant que de l'hospitalité : à Noël les enfants chantent de porte en porte, le vendredi saint est célébré avec solennité, l'agneau pascal est mis à la broche en l'honneur de la Résurrection... Chaque jour, chaque nuit peut devenir fête dans cette Grèce allègre où l'on aime à danser et à chanter malgré les problèmes quotidiens. Certaines tavernes sont peut-être un peu trop « typiques », mais le *hassapiko*, version originale du *sirtaki*, n'est pas une danse pour touristes. Entraîné dans le joyeux tourbillon d'une fête villageoise ou familiale, ou encore liant simplement conversation devant un café « turc » accompagné du traditionnel verre d'eau froide, n'importe quel visiteur peut fraterniser sans présentations : il ne lui est rien demandé d'autre que de convenir que la Grèce est le plus beau pays du monde...

L'Attique
aux trente siècles d'histoire

Longue presqu'île triangulaire, bordée à l'est par la pointe de cette fausse île qu'est l'Eubée, l'Attique est traditionnellement la première étape du voyage grec. Liée au nord à la Béotie, rattachée au Péloponnèse par une mince langue de terre, s'élançant vers le sud-est en avant-garde du continent, c'est la région d'Athènes et des grands sites archéologiques, frangée de criques et de plages. Envahie par les touristes

▶

Fustanelle blanche, boléro brodé et chaussures à gros pompons (tsarouki) : un evzone en faction devant l'ancien palais royal d'Athènes.
Phot. Gaullier-Turpaud-Explorer

et les Athéniens du week-end, la Côte d'Apollon est un chapelet à peu près ininterrompu d'ensembles balnéaires. Le Pentélique, montagne à laquelle les architectes antiques arrachèrent le marbre des temples, et le mont Hymette, au miel célèbre, dominent les plantations argentées d'oliviers, arbres rois de la Grèce, les vignes et les complexes industriels particulièrement denses dans le secteur Athènes-Éleusis. Jadis territoire de la cité-État d'Athènes, l'Attique s'ouvre au monde par le port du Pirée, au trafic important de toute antiquité, et par le plus grand aéroport du pays. Grâce au bateau et à l'avion, Athènes, plaque tournante de la Grèce, est reliée à la plupart des îles et aux secteurs continentaux les plus éloignés de la capitale.

Athènes (près de 2 millions d'habitants avec Le Pirée et les faubourgs) submerge aujourd'hui les hauteurs qui l'enserraient jadis et lance des tentacules vers la mer. Oubliant sa déchéance du Moyen Âge, elle s'enorgueillit de trente siècles d'histoire, depuis que Thésée en fit la capitale de l'Attique en unissant provisoirement les diverses cités-États indépendantes. Son apogée se situe au Ve siècle av. J.-C., où, sous l'administration de Périclès, la démocratie s'y épanouit et où le rocher sacré de l'Acropole, fortifié depuis la lointaine époque mycénienne, se couvrit de temples et de monuments. Capitale de la Grèce depuis 1834, c'est maintenant une métropole d'allure très contemporaine, mais c'est aussi un immense musée et une cité vivante où il fait bon flâner, avec ses cafés-institutions et ses innombrables « restaurants typiques ». Le centre de la ville occupe une cuvette. Une artère très animée relie les deux places principales, pôles d'attraction entourés de magasins et de grands hôtels. La place Syndagma (de la Constitution), dominée par des buildings et l'ancien palais royal, devenu le siège du parlement, est le quartier général des touristes, mais elle attire aussi les badauds athéniens : en bons Grecs, ils passent des heures devant l'épais café turc des *kafenions*, établissements tenant du bistrot et de la salle de jeu (on y joue frénétiquement au jacquet). Des *evzones*, vêtus du boléro brodé et

de la fustanelle blanche (une jupette plissée, cousine du kilt écossais), montent la garde devant le tombeau du Soldat inconnu avec une impassibilité toute britannique. À côté du palais s'étendent les frais ombrages et les parterres de fleurs du vaste Jardin national. La place

Omonia (de la Concorde), moins élégante, est envahie par les camelots bonimenteurs, les vendeurs de journaux, toute une faune de gagne-petit aux activités imprécises. Entre les deux grandes places du centre, près de l'Université, la place Klafthmonos (des Larmes) doit son nom aux fonctionnaires d'autrefois : ils y larmoyaient à chaque remaniement ministériel qui risquait de les priver de leur situation.

Un formidable autel : l'Acropole

Le centre d'Athènes est dominé par la colline verdoyante du Lycabette, d'où s'offre le plus beau panorama sur l'agglomération, et par la plate-forme rocheuse de l'Acropole. Blotti sous les vestiges altiers du siècle de Périclès, le typique et populaire Plaka vit à l'écart des embouteillages et du béton : ce vieux quartier aux ruelles fleuries, aux demeures délabrées et secrètes, mérite une visite pour son pittoresque coloré, ses églises patinées et ses monuments antiques (petite rotonde de Lysicrate datant du IVe siècle av. J.-C., «tour des vents», bibliothèque d'Hadrien).

◀

Une des pittoresques ruelles de Plaka, le plus vieux quartier d'Athènes.
Phot. Loirat-C. D. Tétrel

Socle puissant d'un Parthénon aux formes parfaites, l'Acropole (Ville haute) règne sur Athènes. Proclamant dans le ciel bleu la gloire des dieux morts et du génie immortalisé, ce formidable autel résiste depuis 2 400 ans aux assauts du temps et des hommes. Mais l'ensemble monumental est menacé par la rosée, hier douce, aujourd'hui polluée et corrosive, et l'Unesco a réuni les médecins de la pierre au chevet du géant malade. Les deux millions de visiteurs qui foulent chaque année le rocher poli par des siècles de cheminement ignorent pourtant les fissures insidieuses et les colorations suspectes : pour eux, rien ne semble pouvoir atteindre ce piédestal sacré aux murailles cyclopéennes, cette colline enchantée dont la blancheur explose sous le soleil de midi, se nuance d'or, de violet ou de grisaille au fil des heures et paraît se refermer sur son mystère sous le projecteur blafard de la lune.

Près de l'entrée impressionnante des Propylées, le ravissant temple d'Athéna Niké est la note légère d'une grande symphonie de marbre. Rien de plus gracieux que ce petit édifice ionien, dédié à la chaste et guerrière déesse. Un champ de ruines enchevêtrées sert de parvis au

▲

Derrière les ruines antiques de l'Acropole d'Athènes, le cône ceinturé de verdure du Lycabette.
Phot. Manciet-Rapho

Parthénon, isolé par les destructions. Ici le sol se lit, la pierre se déchiffre : sous les vestiges des sanctuaires se devinent les traces de monuments primitifs, ravagés par les Perses au début du Vᵉ siècle av. J.-C. Mutilé, dépouillé de presque toutes ses sculptures au XIXᵉ siècle, le Parthénon conserve sa silhouette altière : œuvre magistrale de Phidias, ce temple dorique, élevé de 447 à 432 à la gloire d'Athéna, est le monument le plus prestigieux de l'ancienne civilisation grecque. Bien qu'il ait suscité une abondante littérature, il est plus compréhensible, pour le profane, que le complexe Érechthéion. Reconstruit en marbre sous Périclès, cet ensemble de sanctuaires inclut le célèbre portique des Caryatides, élevé au-des-

l'occupation romaine). À l'écart du cœur civique et commercial de l'ancienne Athènes, le quartier du Céramique était le domaine des potiers (leur artisanat était l'un des plus florissants), des tuiliers et des forgerons. Dans ce secteur, les fouilles ont dégagé les stèles, les sarcophages, les urnes funéraires et les chapelles d'une importante nécropole, champ des morts dont certaines tombes datent du Xᵉ siècle av. J.-C. : les pinceaux noirs des cyprès s'effilent près des monuments, au long de la Voie sacrée et de l'allée des Tombeaux.

D'autres vestiges antiques, plus tardifs, sont égarés dans l'Athènes moderne : énormes colonnes de l'Olympieion, temple de Zeus achevé par Hadrien, restes de thermes romains,

banlieue, à la fois résidentielle et laborieuse, d'Athènes. Formant avec la capitale une agglomération continue, Le Pirée conserve peu de vestiges antiques ; c'est un port actif, dont certains quais — les marines de Zéa et de Microlimano — ne manquent pas de cachet grâce à leurs tavernes et leurs restaurants à terrasse. Vers l'ouest, l'île de Salamine, dont le nom évoque la défaite navale des Perses en 480 av. J.-C., n'a aucun caractère insulaire : reliée au continent par une incessante navette de bacs, elle a un aspect banlieusard. Éleusis, où des ruines informes s'enchevêtrent au milieu des usines, est également englobée dans le Grand-Athènes. Ce fut un lieu saint, théâtre de « mystères » célèbres, dont les détectives de l'Histoire ne sont pas parvenus à percer les secrets : toute indiscrétion eût coûté la vie aux initiés admis aux cérémonies données en l'honneur de la déesse Déméter, image de la Terre. Entre Éleusis et Athènes, l'église du monastère de Daphni recèle des merveilles de l'art byzantin, de chatoyantes mosaïques à fond d'or datant de la fin du XIᵉ siècle.

sus du tombeau supposé de Cécrops, premier roi semi-mythique d'Athènes (le nom d'Érechthéion évoque un autre souverain plus ou moins légendaire, Érechthée).

Athènes des ruines et des musées

Face aux Propylées, la colline de l'Aréopage, sur laquelle de vénérables sénateurs jugeaient les traîtres, les déserteurs et ceux qui étaient accusés de corrompre les citoyens, tels Démosthène et la belle courtisane Phrynée, inspiratrice de Praxitèle, est un belvédère sur les ruines de l'Acropole. De son sommet, le regard embrasse également le charmant Théséion (ou temple d'Héphaistos), le mieux conservé de tous les temples grecs, et le vaste champ de fouilles de l'Agora, jadis marché animé et centre de la vie publique (les monuments dégagés datent de l'époque hellénistique et de

porte d'Hadrien. Le stade, reconstitué pour les premiers jeux Olympiques modernes, étend sa longue piste entre deux talus, sur plus de 200 m : c'est là que se déroulaient les épreuves gymniques des Panathénées.

Le passé d'Athènes revit dans ses ruines imposantes, mais aussi dans ses musées. Il faut visiter ceux de l'Acropole, de l'Agora et du Céramique, s'attarder dans l'immense Musée national, l'un des plus importants du monde : du néolithique à l'époque romaine, ses collections évoquent toute l'histoire artistique d'Athènes et des Grecs. Les trésors du Musée byzantin et du musée Bénaki ressuscitent, eux, un passé plus proche.

La Côte d'Apollon

Avec ses centres touristiques, archéologiques, portuaires et industriels, la montagneuse Attique fait en grande partie figure de

Au sud-est de la capitale, près de l'aéroport international d'Hellénikon, la Côte d'Apollon est un littoral pour dépliant touristique : du Nouveau Phalère, fief des orchestres populaires et typiques *(bouzoukia)*, jusqu'aux colonnes dorées du temple de Poséidon, au cap Sounion, se succèdent plages, ports de plaisance, complexes hôteliers et stations balnéaires (dont Glyfada, à la lisière verte d'un golfe, et Vouliagméni, sur une presqu'île à pinèdes).

◄

Temple de la déesse Athéna, protectrice d'Athènes, le Parthénon est considéré comme le chef-d'œuvre de l'architecture grecque.
Phot. Tandel-Fotogram

▲

Acropole d'Athènes : le portique des Caryatides (ou des Corés) est le plus gracieux ornement de l'Érechthéion.
Phot. Loirat-C. D. Tétrel

▲

Acropole d'Athènes : les colonnes ioniques du petit temple d'Athéna Niké.
Phot. Loirat-C. D. Tétrel

La côte orientale de l'Attique, d'où le célèbre coureur de Marathon s'élança vers Athènes en coupant au plus court (42 km), est aussi bordée de plages. Trois sites archéologiques ont été repérés et fouillés à proximité de la mer : Rhamnonte, dans un décor désolé, face à la toute proche île d'Eubée ; l'Amphiareion qu'entourent les pins ; Marathon, où un tumulus commémore la victoire décisive des Athéniens sur les Perses (490 av. J.-C.).

Livrée à l'industrie et au tourisme, l'Attique a perdu de sa personnalité, sinon de sa grandeur, mais il suffit de s'éloigner un peu de l'agglomération industrielle d'Athènes et des stations balnéaires pour retrouver le décor de la Grèce immuable : les rocailles empanachées de pins, l'olivier, la senteur du thym et de l'origan, les villages éclatants de blancheur serrés autour de l'église à coupole. Si, sur les cartes, la mer paraît isoler la presqu'île des régions voisines, il ne faut pas oublier que la Méditerranée rapproche plus qu'elle ne sépare. Thessalonique est à 550 km d'Athènes, Olympie à 250, mais des itinéraires sans hiatus conduisent aux rivages de la Chalcidique comme aux sanctuaires du Péloponnèse.

Les marches septentrionales : Thrace et Macédoine

À la lisière de la Turquie, face à l'île de Samothrace, la Thrace rustique n'évoque guère l'Attique, depuis si longtemps civilisée. Cette région, autrefois très déshéritée, mêle hauteurs pelées et plaines naguère marécageuses. Paysages austères, comme ceux de la voisine Macédoine orientale où s'affrontèrent jadis les Romains (Octave et Antoine y vainquirent, à Philippes, Cassius et Brutus, les assassins de César). À l'orée de ce pays rude et chaud, la ville animée et colorée de Kavalla paraît presque incongrue dans son hémicycle de collines. Tenu jusqu'en 1912 par les Turcs, qui semèrent les environs de sveltes minarets, ce port est plus oriental que grec, avec son vieux quartier musulman et son curieux marché aux poissons, où chaque boutique dégage une forte

odeur marine et se double la plupart du temps d'un fruste restaurant.

La Macédoine occidentale, région montagneuse touchant à la Yougoslavie et à la Bulgarie, est un pays agreste, riche en panoramas et en souvenirs de l'époque byzantine. Pointant ses trois doigts dans la mer Égée, la péninsule de Chalcidique s'ouvre largement au tourisme avec l'aménagement d'importantes stations balnéaires. Le promontoire oriental porte le célèbre ensemble de monastères du mont Athos, véritable État dans l'État, peuplé et administré par des moines, « Sainte Montagne » dont l'accès est rigoureusement interdit « à toute femme, toute femelle, tout eunuque, tout visage lisse » (les visages lisses étant ceux des enfants). Univers exclusivement masculin, le mont Athos est le centre de la vie religieuse orthodoxe depuis plus d'un millénaire. Quelque 1 700 moines habitent la vingtaine de monastères et les ermitages de cette « république de Dieu » dont la visite, sauf autorisation spéciale, est réservée aux adeptes de la religion orthodoxe. L'unique car ne desservant que Karyès, la capitale de la communauté, on accède aux couvents à pied ou à dos de mulet, dans

▲
À la pointe du cap Sounion, le temple de Poséidon, dieu de la Mer.
Phot. Sommerlad-Fotogram.

certains cas en caïque. Les monastères, généralement entourés de hautes murailles, flanqués de tours et dominés par les dômes des églises, s'élèvent presque tous dans des sites admirables. Les plus anciens (Vatopédi, Iviron, la Grande Lavra) datent du Xᵉ siècle, mais c'est au XVᵉ siècle que le mont Athos connut son apogée.

À 130 km de cette presqu'île hors du temps, une ville moderne déborde d'activité : Thessalonique, que l'on prit l'habitude d'appeler Salonique sous l'occupation turque. Elle porte le nom de la femme de Cassandre, roi de Macédoine et fondateur de la cité vers 315 av. J.-C. Semée de vestiges antiques (arc de Galère, agora) et d'églises que les Ottomans transformèrent en mosquées, la ville natale du premier leader de la Turquie moderne, Kemal Atatürk, s'étage au-dessus d'un golfe protégé des vents, lac bleu sillonné par des flottilles de caïques et de barques surnommées *gri-gri*. La façade contemporaine de cette métropole dynamique, au front de mer plaisant, cache un quartier au caractère oriental marqué, réseau de ruelles colorées que surplombent des balcons. Seconde agglomération et second port de Grèce, Thessalonique est une ville commerçante et industrielle, mais elle a conservé son charme malgré l'offensive du béton : on y flâne agréablement à la découverte des églises byzantines, agrémentées à l'occasion d'un minaret comme Saint-Georges *(Haghios Georgios)*,

▶

Dans le décor grandiose du mont Athos, le couvent de Stavronikita, son donjon et ses cellules en encorbellement.
Phot. Silberstein-Rapho

Un des moines érudits de la communauté religieuse du mont Athos.
Phot. Legoubin-Rapho
▼

Double page suivante :
Posé comme un nid d'aigle sur l'une des étranges aiguilles rocheuses des Météores, le monastère de Roussanou.
Phot. Charbonnier-Top

ornée en outre de mosaïques très anciennes sur fond d'or, ou de la remarquable Sainte-Sophie *(Haghia Sophia)*, construite au VIIIe siècle. De l'ancienne citadelle qui domine la ville, on découvre un panorama étendu sur l'agglomération et le golfe.

En Macédoine intérieure, au bord d'un lac, Kastoria, « ville des castors », est un centre de pelleterie et d'artisanat. Elle fabrique des tapis à longs poils appelés *flocates* et s'enorgueillit de ses soixante-douze églises et chapelles, dont plusieurs datent du XIe siècle.

Les monastères aériens de la Thessalie

Au sud de la Macédoine, la Thessalie est une région agricole assez isolée, dominée par le mont Olympe (2 917 m), point culminant de la Grèce, dont les Anciens avaient fait l'inaccessible demeure des dieux (sa cime aiguë fut escaladée pour la première fois en 1913). Malgré la beauté de certains paysages, notamment dans le massif du Pélion, près du port moderne de Volo, la Thessalie ne séduirait guère les touristes sans la très originale attraction que constitue l'ensemble des Météores *(meteoros,* « élevé dans les airs »). Formant un décor tourmenté et surréaliste, des aiguilles et des tables de pierre, sculptées par l'érosion, portent des monastères très haut perchés,

▲

Delphes : accroché au flanc du Parnasse, le sanctuaire d'Apollon, où le dieu parlait aux hommes par la bouche de la pythie.
Phot. Lessing-Magnum.

vertigineux nids d'aigle où vivent encore quelques religieux. Difficilement accessibles par des escaliers taillés dans le roc et des passerelles, ces « couvents dans le ciel » servirent de refuges aux moines pendant les troubles du XIVe siècle, puis furent progressivement désertés. Le plus vaste d'entre eux, le Grand Météore, édifié sur un menhir cyclopéen, possède une belle église du XIVe siècle et comprend une cinquantaine de cellules, dont les plus exiguës, donnant sur le vide, étaient réservées aux moines coupables de laisser-aller dans leur vie religieuse.

Delphes, au pied du Parnasse

Entre le canal d'Atalante, qui sépare le continent de la longue et toute proche île d'Eubée, et le golfe de Corinthe, Phocide, Locride et Béotie font la jonction entre la Grèce du Nord et l'Attique. Ces contrées sèches et montagneuses, coupées de plaines agricoles, eurent une grande importance stratégique dans le passé. Au nord, au pied du mont Zastani, près du golfe de Lamia, le célèbre défilé des Thermopyles fut le théâtre d'un combat désespéré : le Spartiate Léonidas et ses 300 hoplites tentèrent d'arrêter l'énorme armée de Xerxès (480 av. J.-C.) et périrent sous le nombre. Très élargi par l'érosion, ce passage connut d'autres batailles et vit déferler les Wisigoths en 395. Au sud, près de l'Attique, Thèbes, gros bourg désormais perdu dans l'anonymat, s'illustra, au IVe siècle av. J.-C., en luttant contre Sparte. C'est là que prirent naissance les grandes légendes qui inspirèrent la tragédie grecque.

Le pôle d'attraction de cette région se situe vers l'ouest. « Cité d'éternelle mémoire », accrochée au flanc du mont Parnasse, devant la « plaine sacrée » peuplée d'oliviers et le lumineux golfe d'Itéa, Delphes fut un haut lieu de la Grèce antique. Sous l'impassibilité bleue du ciel, hors du temps, hors du monde, ce site poétique évoque d'indéchiffrables mystères : une aura fantastique nimbe le chaos des vestiges, étagés sous de hautes falaises. Dans un décor sauvage, des ruines imposantes rappellent le prodigieux rayonnement d'un sanctuaire voué à Apollon après avoir appartenu au monstre Python. Les représentants de toutes les cités grecques et une foule sans cesse renouvelée vinrent interroger la pythie, qui entrait en transes pour prophétiser au nom du dieu. Choisie parmi les femmes de Delphes, la pythie se juchait sur un chaudron reposant sur un trépied et rendait, moyennant finances, des oracles incohérents, que prêtres et exégètes interprétaient. Les hommes politiques tenaient compte des mystérieux avertissements du porte-parole d'Apollon, et Delphes eut une importance considérable dès le VIIIe siècle av. J.-C. Son influence, progressivement amoindrie, dura jusqu'au IIe siècle de notre ère.

▶

Delphes : la Voie sacrée était bordée de monuments votifs et de petits édifices, les Trésors, abritant les offrandes faites par les cités. Au fond, le temple dorique du Trésor des Athéniens.
Phot. Charbonnier-Top

Enrichi par les taxes et les dons, doté de monuments par les cités (tel le petit temple dorique du Trésor des Athéniens), le sanctuaire de Delphes prit une extension considérable. La Voie sacrée, pavée de larges dalles, serpente au milieu des vestiges des édifices votifs jusqu'au temple d'Apollon (rebâti au IVe siècle). Un théâtre, restauré par les Romains, est en très bon état, et un stade domine l'enceinte sacrée. À l'écart, en contrebas de la fontaine Castalie, dont l'eau purifiait les pèlerins venus consulter la pythie, on découvre les traces d'un gymnase et l'ensemble de ruines connu sous le nom de Marmaria (les Marbres).

Entre le village moderne et le sanctuaire, un musée réunit le produit des fouilles locales : parmi ses trésors figurent le célèbre *Aurige* (conducteur de char), bronze du Ve siècle

▲
Creusé dans le roc au-dessus du temple d'Apollon, le théâtre de Delphes pouvait accueillir 5 000 spectateurs.
Phot. Charbonnier-Top

▶
Musée de Delphes : corselet de plumes et longues ailes recourbées, l'énigmatique sphinx des Naxiens.
Phot. Lessing-Magnum

la Grèce

13

av. J.-C., et l'*Omphalos,* «nombril du monde», pierre sacrée qui trônait dans la salle de l'oracle et marquait le centre de la terre.

Le mont Parnasse (2 457 m) passait pour être le domaine de Pan et des nymphes ; d'ascension difficile, il domine le golfe de Corinthe, au-delà duquel se devinent les hauteurs du Péloponnèse. Au pied de la montagne, le petit port d'Itéa dessert Delphes : il est rare que quelque paquebot de croisière n'y fasse pas escale. À une quarantaine de kilomètres, le monastère d'Hosios Loukas possède une église du XIe siècle, ornée de mosaïques et de pavements polychromes, qui est un des plus beaux monuments byzantins de Grèce.

L'entrée des Enfers
se trouve en Épire

À l'ouest de la Grèce, face à la grande île de Corfou dont la pointe frôle l'Albanie, l'Épire s'étire du golfe d'Arta à la frontière la plus fermée d'Europe. Un va-et-vient perpétuel de ferries relie l'Italie au petit port d'Igouménitsa, mais les touristes s'attardent rarement dans cette région peu peuplée, tempérée sur le littoral, mais assez rude à l'intérieur. Ici rocheuse, là sableuse, la côte a pourtant du charme, avec ses criques enserrant de grosses gouttes d'eau bleue. Parga, bourg de pêcheurs étagé au-dessus d'une anse où des îlots font le gros dos, est surveillée par les murs délabrés d'une forteresse vénitienne et par un fortin construit par les Français. L'entrée des Enfers est proche : pour les anciens Grecs, le sanctuaire du Nékromanteion commandait l'accès au royaume des ténèbres. Prévéza se blottit dans les oliviers à l'entrée du golfe d'Arta, près d'une grande plage : c'est l'ancienne Bérénicia,

au large de laquelle se déroula la mémorable bataille navale d'Actium (31 av. J.-C.).

Arta, aux ruelles tortueuses, embaumées par les orangers en fleur, se donne, avec ses trois églises byzantines, des allures d'Orient. Comme beaucoup d'autres, la solide citadelle du XIIIe siècle qui la protège a été construite avec des blocs antiques.

À l'intérieur de l'Épire, dans les régions montagneuses où transhument les troupeaux, se trouvent la pittoresque Metsovon aux maisons de bois, la vivante et orientale Ioannina reflétée par un lac romantique, et l'admirable site de Dodone, sauvage et désert en dehors de la saison touristique. Dodone, dont l'oracle était plus ancien que celui de Delphes, passait pour le lieu privilégié où Zeus faisait connaître sa volonté. Dans un paysage de montagnes austères s'étagent les gradins restaurés du grand théâtre antique (festival annuel de théâtre et de danse), les vestiges du sanctuaire de l'oracle et de plusieurs temples, et les ruines d'une basilique chrétienne du VIe siècle.

Corinthe,
verrou du Péloponnèse

Séparée du continent par une profonde entaille marine, le Péloponnèse est rattaché à l'Attique par un étroit pédoncule rocheux. Dentelée comme une feuille de platane, l'«île de Pélops» (un personnage mythique) semble désigner, de la pointe de ses caps, la rude Cythère, peu faite pour les bergères de Watteau. C'est une grande péninsule montagneuse, au littoral sculpté par la mer, où de petites plaines, isolées par le relief, forment des mini-régions au caractère marqué, les unes âpres et brûlées, les autres verdoyantes et

parfumées par les orangers. La côte, encore sauvage, est souvent peu accessible, ce qui n'empêche pas le tourisme balnéaire de s'y développer.

Les grands sites archéologiques comptent cependant plus que le soleil et la mer : c'est ici que s'épanouit la civilisation mycénienne (de 1500 av. J.-C. aux invasions doriennes), puis la gloire austère de Sparte; Olympie accueillit les «Jeux» pendant toute l'Antiquité, tandis que les miraculés d'Épidaure proclamaient dans tout le monde grec les bienfaits d'Asclépios. Terre des dieux et des héros, marquée ensuite par la civilisation byzantine, le Péloponnèse possède un port important, Patras, mais s'est peu industrialisé. Avec le grand jardin maraîcher de l'Argolide, les vergers de Laconie et de Messénie, c'est une région agricole assez prospère, où la vigne est reine depuis l'Antiquité : «Gibraltar oriental», le promontoire fortifié de Monemvasia exportait, il y a des siècles, les vins auxquels fut donné son nom, corrompu en «malvoisie».

Un formidable coup de tranchet a sectionné l'isthme reliant le Péloponnèse à l'Attique : les ingénieurs français qui creusèrent l'étroit canal de Corinthe à la fin du siècle dernier reprirent un projet abandonné par Néron après un début de réalisation. Reconstruite après un tremblement de terre, Corinthe commande l'accès du Péloponnèse. À 6 km de la ville moderne, les ruines importantes de l'ancienne Corinthe reflètent mal la splendeur d'une cité jadis réputée pour son opulence... et les voluptueux talents de ses «esclaves sacrées», servantes d'Aphrodite qui se comportaient en hétaïres sous prétexte d'honorer la déesse de la Beauté et de l'Amour, protectrice de la ville. Surveillant du haut de son piton les golfes d'Égine et de Corinthe, la forteresse de l'Acrocorinthe garda son importance stratégique jusqu'au XVIIIe siècle, mais ses ruines sont moins impressionnantes que son immense panorama sur les golfes et sur les vignes qui produisent le célèbre raisin sans pépins.

De la citadelle de Mycènes
au théâtre d'Épidaure

Les ruines de Mycènes, cité de la famille semi-légendaire des Atrides, évoquent bien leur destin tragique : puissantes et sévères, elles s'élèvent dans un paysage gris, où une végétation desséchée s'effiloche au rebord des à-pics. La ville où la reine Clytemnestre fit assassiner son mari Agamemnon et fut tuée par leur fils Oreste tenait surtout de la forteresse, avec son enceinte cyclopéenne dont la porte au linteau massif est toujours dominée par deux lions affrontés. Fondée vers l'an 2000 av. J.-C., elle connut la gloire du XVIIe au XIIe siècle, puis déclina rapidement : la rude et guerrière civilisation mycénienne, inspiratrice de légendes et de tragédies, sombra lors de l'invasion dorienne. Les archéologues du siècle

▲
Sur les hauteurs, chèvres et moutons se partagent l'herbe rase des maigres pâturages.
Phot. Weisbecker-Explorer

▶
Au pied du sanctuaire de Delphes, la gorge du Pléistos débouche dans la «plaine sacrée», tapissée d'oliviers centenaires.
Phot. Rémy

Double page suivante :
Au cœur du Péloponnèse, Karytaina, l'un des pittoresques villages perchés de l'Arcadie, domine une brèche où se faufile le fleuve Alphée.
Phot. Loirat-C. D. Tétrel

dernier ont mis au jour des tombes royales et les tombeaux dits de Clytemnestre et d'Agamemnon, les soubassements du palais des Atrides, ainsi que la colossale citerne souterraine de la citadelle. Ces découvertes ont éclairé en partie les récits d'Homère, l'histoire réelle apparaissant derrière les mythes.

Argos (la « plaine ») est considérée comme la plus ancienne cité de Grèce : sortie de la légende à l'aube de l'époque mycénienne, la ville où Pyrrhus trouva la mort avait lancé ses guerriers contre Thèbes et Troie, lutté contre Sparte et régné sur de vastes territoires avant de s'étioler. Dans une région fertile sur laquelle pèse lourdement la canicule, la bourgade moderne n'a guère d'attraits; seul son musée justifie que l'on s'y attarde. Les fouilles ont dégagé les vestiges de l'agora et du quartier du théâtre (taillé à flanc de colline, celui-ci contenait 20 000 spectateurs). L'un des sites archéologiques proches, Lerne, fut peuplé depuis le néolithique : la mythologie assure qu'Héraclès (Hercule) y triompha d'un monstre à neuf têtes, la fameuse Hydre.

Quels Titans élevèrent les murailles de Tirynthe? La légende veut que ce soient les Cyclopes. Ces borgnes formidablement musclés auraient aidé à construire l'énorme citadelle en soulevant les blocs de l'enceinte, d'un poids de quelque treize tonnes... Les ruines spectaculaires des remparts, des casemates et du palais datent de 1400 à 1200 environ. Tout, ici, est gigantesque, et l'on s'étonne que les Doriens aient réussi à réduire cette place forte, chef-d'œuvre d'architecture militaire. Mais on oublie la grandeur mycénienne à Nauplie, petite ville séduisante, étageant son lacis de ruelles et d'escaliers sous une forteresse vénitienne, au fond d'un golfe bleu : le pittoresque y reprend ses droits, les quais aux agréables terrasses invitent à la flânerie, face à l'îlot de Bourzi.

Quoique aride, le paysage reste aimable à Épidaure, dont le théâtre de plein air, parfaitement conservé, fait le bonheur des acteurs (la voix la plus ténue y est entendue des gradins les plus éloignés). Cet hémicycle accueille à nouveau des représentations dramatiques, après avoir été enseveli sous la terre pendant des siècles. À proximité s'étendent les ruines d'un grand sanctuaire dédié au dieu médecin Asclépios (Esculape) : son culte et l'espoir de guérir attirèrent la foule des fidèles et des malades à partir du VIᵉ siècle av. J.-C. Desservi par des prêtres possédant des connaissances approfondies en médecine, le sanctuaire tenait du lieu de pèlerinage et du centre thérapeutique (de nom-

▲
Mycènes : depuis trente-trois siècles, la porte des Lions commande l'entrée de la citadelle des Atrides.
Phot. M.-L. Maylin

◄
Faites de blocs énormes grossièrement entassés, les murailles « cyclopéennes » de Mycènes.
Phot. Lévy-Cedri

►
Une répétition au théâtre antique d'Épidaure, que son acoustique exceptionnelle a fait choisir pour cadre de festivals contemporains d'art dramatique.
Phot. J. Bottin

breux instruments de chirurgie sont réunis au musée). Il ne subsiste que les fondations du temple de Zeus, qui abritait l'une des Sept Merveilles du monde, la statue d'ivoire et d'or du dieu, chef-d'œuvre de Phidias, mais le champ des ruines dégagées est vaste.

Les fantômes de Sparte et de Byzance hantent le sud du Péloponnèse

Sparte, cité aux vertus implacables et à l'orgueil démesuré, n'est plus qu'une légende : l'assez banale ville moderne et quelques pauvres vestiges, d'ailleurs tardifs, n'évoquent guère la puissance de l'État militaire qui domina le Péloponnèse et menaça Athènes. Il est vrai que les citoyens-guerriers de Sparte (ou Lacédémone) se souciaient peu d'architecture, et, sous les cimes dentelées du mont Taygète, la plus antidémocratique des cités grecques vécut dans l'austérité, repliée sur elle-même,

hostile à toute nouveauté, depuis le IXe siècle av. J.-C. jusqu'à son déclin. Visitez le musée et gagnez la byzantine Mystra, où les cigales répondent aux carillons des chapelles.

Mystra, dont la splendeur se déploya au XIVe et au XVe siècle, s'accroche à la montagne, sous une forteresse de l'époque franque, au donjon ruiné. Ancienne résidence de despotes apparentés à l'empereur de Constantinople, cette vieille ville s'effrite et se laisse envahir par les herbes, mais conserve un charme extraordinaire avec ses églises désertes, ses remparts médiévaux, ses poternes, ses palais déchus. L'oriental et le gothique s'y mêlent, l'art byzantin s'y épanouit et se marie avec l'inspiration latine. Une rude montée par les ruelles en escaliers conduit de couvent en église, souvent ornés de belles fresques.

▲
Envahies par la verdure, les vieilles pierres des remparts et des maisons cernant l'église Sainte-Sophie (restaurée) évoquent la cité byzantine de Mystra.
Phot. Loirat-C. D. Tétrel

Au sud-ouest du Péloponnèse, les vestiges archéologiques de Messène et de Pylos sont surtout évocateurs pour les spécialistes. Il en va autrement à Bassæ : un temple classique d'une admirable élégance se dresse sur un plateau accidenté, dans un décor montagnard. Élevé vers 420 par Ictinos, l'un des architectes du Parthénon, ce sanctuaire isolé fut oublié jusqu'au XVIIIᵉ siècle, puis malheureusement dépouillé de ses sculptures en 1811 (elles sont au British Museum). Malgré ce vandalisme, le temple garde une intense séduction.

Flânerie
sur le stade d'Olympie

La paisible Andritséna aux vénérables maisons de bois, le site grandiose de Phigalie et le mont Lycée où naquit Zeus se situent à l'écart

Isolé dans les montagnes désertiques du Péloponnèse, le temple classique de Bassæ.
Phot. Charbonnier-Top

des grands courants touristiques, mais on retrouve la foule des touristes à Olympie : dans un doux paysage semé de pinèdes, où musarde la rivière Alphée, s'étalent les ruines d'un haut lieu du panhellénisme, un sanctuaire dédié à Zeus. Les vestiges des temples, des autels et des chapelles ne sont pas spectaculaires, mais ils sont suggestifs et se marient heureusement au décor naturel. Domaine privé du roi des dieux après avoir appartenu à d'autres divinités, l'enceinte sacrée d'Olympie enferme des monuments de diverses époques, loin de toute agglomération : le temple dorique de Zeus fut érigé de 468 à 457, celui d'Héra date du VIIᵉ ou du VIᵉ siècle, la palestre (partie du gymnase réservée à la lutte), dont les portiques se profilent sur les frondaisons, du IIIᵉ, et d'autres édifices sont de l'époque romaine. Un musée abrite le produit des fouilles, notamment les sculptures du temple de Zeus et un admirable *Hermès* attribué à Praxitèle.

Olympie, où l'on ne cessa de construire jusqu'au début de notre ère, accueillit les premiers jeux Olympiques en 776 av. J.-C. : la grande compétition sportive, à laquelle les Romains participèrent dès le IIᵉ siècle av. J.-C., eut ensuite lieu tous les quatre ans jusqu'en l'an 393 de notre ère. Une trêve sacrée permettait aux athlètes de toutes provenances (de cités rivales et même ennemies) de participer aux Jeux, sévèrement réglementés, devant un public exclusivement masculin : les épreuves sportives (course, saut, pugilat, courses de char, etc.) se déroulaient devant 20 000 spectateurs, sur un stade dont la piste a été dégagée, et sur un hippodrome qu'emportèrent les crues de l'Alphée. Les compétitions étaient accompagnées de concerts et de représentations; une grande foire se tenait près de la cité religieuse, gigantesque kermesse qui durait de cinq à sept jours; les Jeux s'achevaient par le couronnement des vainqueurs, dont la tête était ceinte d'un rameau d'olivier. Les jeux Olympiques avaient, au début, un caractère sacré, qui s'estompa progressivement : Zeus fut toujours honoré, et son sanctuaire perpétuellement enrichi d'œuvres d'art, mais les spectateurs, logés dans l'immense hôtellerie ou couchant à la belle étoile, se conduisirent finalement plus en supporters qu'en pèlerins. Au cours d'une flânerie dans Olympie, les visiteurs découvrent les vestiges du bouleutérion (où les concurrents juraient d'observer le règlement), pénètrent sur le stade par le passage qu'empruntaient les athlètes, longent les socles des statues payées avec les amendes infligées aux tricheurs, s'attardent devant les ruines de l'édifice qui abritait le réfectoire des sportifs : tout l'univers des « J. O. » antiques, qui hantèrent la mémoire des hommes jusqu'à la création des Jeux modernes, en 1896 ■   Jacques-Louis DELPAL

Olympie : au milieu de vallonnements boisés, les ruines de la palestre, où se déroulaient les épreuves de lutte des jeux Olympiques.
Phot. Loirat-C. D. Tétrel

les îles grecques

Corfou, Zante, Délos, Mykonos, Samos, Patmos, douce litanie de noms qui se murmurent et qui chantent... Patrie d'Ulysse et des Argonautes, des marins et des armateurs, la Grèce confie à la Méditerranée le cinquième de son territoire, égrène en chapelets des centaines d'îles et d'îlots. Au matin de l'histoire, la mythologie refléta ce déterminisme géographique en ouvrant l'Olympe aux néréides et aux tritons, aux côtés des nymphes et des satyres terrestres. Le vieux pacte avec Poséidon n'a jamais été rompu : les Ioniens, les Achéens et les Doriens mirent cap au large il y a 3 000 ans et plus; la Grèce d'aujourd'hui vit en symbiose avec la mer, dont l'écume engendra Aphrodite (*aphros*, les « flots »). La Méditerranée colonisée participe à l'*Enôsis,* cette « réunion » si durement acquise; elle soude le puzzle dispersé des îles glorieuses, charmantes ou arides, lambeaux du sol grec appartenant, au même titre que l'Attique et le Péloponnèse, à la communauté. Au fil des invasions et des annexions, bien des îles semblèrent partir à la dérive, mais toutes, excepté Chypre, reprirent, à l'issue de luttes séculaires, leur place au sein de l'ensemble hellène.

Sans parler de la poussière des rochers solitaires, des récifs inhospitaliers et des îlots perdus qui n'apparaissent que sur les cartes marines, la Grèce possède 437 îles, dont 134 plus ou moins habitées, quelques-unes isolées, la plupart groupées en archipels dans les mers Ionienne et Égée. Les plus vastes portent plusieurs bourgades, voire des villes; d'autres servent de ports d'attache à quelques dizaines de pêcheurs de poulpes ou d'éponges, vivant à l'ombre d'un unique clocher. Certaines sont ancrées au grand large, avec des îlots satellites, tels des porte-avions géants escortés de corvettes; plusieurs se détachent à peine du littoral, dont elles prolongent le paysage et les pinèdes. Le minicontinent crétois, à une douzaine d'heures de bateau du Pirée, ferme le domaine marin de la Grèce; Samos s'accroche à la Turquie, Hydra et Poros s'écrasent contre le Péloponnèse, Corfou frôle l'Albanie secrète. Deux îles doivent être retranchées de l'inventaire, tant s'est perdu leur caractère insulaire : Salamine, devant laquelle l'armada perse fut anéantie en 480 av. J.-C., qui est devenue un faubourg d'Athènes, relié au tout proche Pirée par la noria des bacs, et l'Eubée, rattachée à l'Attique par un pont de 40 m lancé au-dessus du canal de l'Euripe, dont les inexplicables renversements de courant défièrent si bien la science pourtant universelle d'Aristote que celui-ci, dit-on, se noya de désespoir.

Les sentinelles
de l'Hellade

Rapprochant l'Europe de l'Asie Mineure, le troupeau des îles forme une couronne autour de la Grèce continentale. Elles servirent d'escales bien avant *l'Odyssée,* devinrent les sentinelles maritimes de l'Hellade, furent colonisées ou admises parmi les cités-États : malgré les courtes lames rageuses soulevées par le meltem (vent du nord) d'août, quelques caprices brutaux et les colères de l'équinoxe d'automne, la

▲
Le petit port d'Hydra, dont les maisons se pressent au bord de l'eau ou s'éparpillent sur des collines pelées.
Phot. Viollon-Rapho

Méditerranée n'est pas hostile aux marins. Balayée de mai à septembre par le souffle extrêmement régulier des vents étésiens venus du nord-est, propice à la navigation huit mois sur douze, elle attira les pêcheurs et les marchands aventureux, qui croisèrent au large les équipages levantins voguant vers l'Ouest mystérieux. Durant toute l'Antiquité, la Grèce fut insulaire autant que continentale, son cœur battant pendant des siècles à Délos, le sanctuaire marin d'Apollon. Écartelée au cours de la nuit interminable qui succéda aux époques glorieuses, elle se laissa arracher ses îles par les Barbares, les Francs, les chevaliers de Malte, les Vénitiens, les Turcs et les Italiens, mais le formidable sursaut du XIXᵉ siècle et les dernières « récupérations » de notre siècle ont reformé le monde grec : la ligne d'horizon, nulle part, n'est une frontière.

Les îles légendaires sont devenues les îles des vacances familiales, des séjours rustiques, des croisières et de l'aventure en caïque, mais elles sont loin de constituer une collection

uniforme de stations balnéaires. Si les petits ports colorés, l'arrondi des baies, le scintillement de la mer et les crépuscules flamboyants se prêtent bien à l'illustration des prospectus touristiques, il est impossible d'évoquer de la même façon la verdoyante Corfou et la triste Cythère, les cubes éblouissants de Mykonos et les ruines de Délos — à quelques encablures l'une de l'autre pourtant! —, la sombre et saisissante Théra (Santorin), la Crète argentée par les olivaies.

Partout, le soleil brille dans un ciel d'une implacable luminosité, découpant les volumes, laissant peu de place aux demi-teintes. Le climat n'est cependant pas égal d'une mer à l'autre, d'une terre à peine séparée du continent à un radeau perdu au grand large. La mer Ionienne, bras de Méditerranée partagé avec l'Italie, reflète un ciel d'un bleu plus tendre, parfois blanchi par de légères nébulosités; ses îles, arrosées par des pluies violentes, sont plus humides. Celles de la mer Égée sont desséchées par la longue canicule, mais les températures varient du nord au sud : Samothrace paraît presque fraîche à qui arrive directement d'Amorgos, dont le calcaire orangé brûle au plus fort de l'été.

Les îles grecques sont, en majorité, arides, pierreuses, médiocrement cultivées : des morceaux de montagne jetés à la mer, vêtus à la va-vite d'un maigre manteau de terre ravaudé par les paysans à coups de murettes, et dotés d'un chef-lieu qui, le plus souvent, porte le même nom que l'île. Il en existe pourtant de luxuriantes, fleuries et fertiles : Corfou parfume ses parcs et ses jardins à la menthe, au jasmin et à la fleur d'oranger; Skiathos mêle des bois épais à des paysages presque impressionnistes; Skopélos, l'île des pruniers, est embaumée par une multitude d'œillets...

Tableaux cubistes
au naturel

Exception faite de Corfou, italianisée et cosmopolite, de quelques cités marquées par Venise, d'Hydra aux frustes palais et des côtes envahies par les résidences modernes, l'architecture est assez uniforme dans son pittoresque. Ici éclate une aveuglante blancheur, là règnent le bleu, le rouge, le jaune et l'ocre, mais les compositions cubistes, le fouillis sans perspective des terrasses, des toits de tuiles rondes et roses, des dômes et des minces clochers-frontons se ressemblent dans les Cyclades, le Dodécanèse et les Sporades. Si les tableaux diffèrent, c'est surtout en raison de la topographie : les maisons basses encadrent la goutte d'eau bleutée d'un petit port, enserrent des escaliers à flanc de colline, s'agrippent au rebord d'un promontoire (les nids d'aigle difficilement accessibles rappellent la menace des pirates et des envahisseurs d'antan).

Quelques grandes îles, comme Corfou et la Crète, sont entrées dans la vie moderne avec

▶

Patmos, où saint Jean l'Évangéliste écrivit l'Apocalypse : le damier des toits en terrasses du bourg de Chora.
Phot. M. Levassort

immeubles résidentiels, hôtels dotés de piscines et villages de vacances : ceux-ci tiennent lieu d'usines, l'industrie du tourisme, principal moteur économique, se superposant aux activités traditionnelles (pêche, culture de l'olivier et de la vigne, arboriculture, artisanat), qu'elle relance ou écrase. On y vit comme dans les régions relativement aisées de la Grèce continentale, sinon comme à Thessalonique ou à Athènes; les vieilles traditions sont respectées, mais le folklore authentique s'exploite comme attraction : les étrangers sont de la fête! La rusticité des autres îles est due à l'éloignement, aux difficultés de transport, au manque d'eau et à l'absence de routes. Plusieurs ferries par jour, des routes goudronnées, et c'est la foule (en été). Un aéroport international, et c'est la cohue sur les plages « babéliques », gangrenées par la « baléarisation ». Deux ou trois bateaux asthmatiques par semaine et de mauvais chemins sont, par contre, une garantie de dépaysement : la crique déserte existe, on peut encore croiser le pope solitaire dans l'ombre bleutée d'une ruelle aux volets clos...

Seuls les paysages et les architectures protégés restent typiques dans les petites îles trop envahies, où se retrouvent les vrais et les faux artistes, la faune et les curieux de Saint-Tropez, de Portofino, de Capri et d'Ibiza. Ces îles gardent parfois un charme fou — l'un des miracles grecs! —, mais on ne le découvre réellement qu'à l'automne et au début du printemps..., lorsqu'un aéroport à charters ne rentabilise pas l'hôtellerie à longueur d'année.

Les prospères Corfiotes vivent presque en marge de la Grèce, se souvenant d'un passé vénitien, français et anglais, jouant au cricket comme au temps du protectorat britannique. Hospitaliers, vifs, danseurs endiablés, les Crétois, grands et corpulents, ont un type physique particulier, celui de Zorba. Hormis ces cas marginaux, les Grecs insulaires ressemblent comme des frères à leurs compatriotes du continent : ils sont de stature moyenne, bruns, sobres, laborieux quand la pêche, l'agriculture ou le tourisme leur offrent la possibilité de travailler. Dans chaque bourgade se retrouvent les anciens à grosses moustaches, impassibles, fondus dans le décor, les vieilles femmes vêtues de noir, le pope, grave, à l'immuable silhouette. Une forte émigration a dépeuplé les

îles, mais les cultivateurs s'accrochent aux lopins de terre sèche et aux vignes, considèrent leurs oliviers noueux et peu productifs comme des membres de la famille. Il existe toujours des pêcheurs de poulpes et d'éponges, prêts aujourd'hui à emmener les touristes sur leurs petits bateaux vivement colorés, à les conduire sur la dernière plage déserte, inaccessible par la terre. Pour humer l'atmosphère de la Grèce de la mer, il faut louer une chambre nette et fraîche chez l'habitant, loin des « boîtes » dont les décibels déchirent la nuit. Ce n'est pas difficile : le pêcheur ravaudant ses filets bleus sur le port et le patron du café connaissent tous l'hôte providentiel prêt à vous accueillir.

Les îles vertes
de la mer Ionienne

Le chapelet des sept îles Ioniennes garde le flanc occidental de la Grèce, des rivages méridionaux de l'Albanie au Péloponnèse des grands sanctuaires. Ce sont des îles douces et tièdes, sans rigueur, aux paysages esquissés au lavis plus qu'à la pointe sèche.

Liée à l'Italie et à la Grèce continentale par l'incessant va-et-vient des navires transbordeurs, investie par des milliers et des milliers de touristes, Corfou pourrait n'être qu'un paquebot de croisière surchargé, immobilisé au large de l'Épire méconnue. Malgré cette invasion, la grande île accueillante garde son charme nonchalant. La jetée, le couvent tout blanc et les îlots de Kanoni composent le plus adorable décor qui soit, et la terrasse de l'invraisemblable villa « Belle Époque » où vécut Élisabeth d'Autriche, la *Sissi* du cinéma, commande un admirable panorama. Les raides cyprès, près du moutonnement confus des oliviers, désignent le ciel au-dessus des jardins enchantés. Sur quelle plage jouait Nausicaa lorsque Ulysse, naufragé, sortit nu de l'écume? Peut-être celle d'Ermonès, mais une légende assure que le roi d'Ithaque fut rejeté par la tempête sur le minuscule îlot Pondikonissi, la « souris »... Totalement différente des Cyclades pelées, l'opulente et presque « nordique » Corfou offre plage sur plage, mêle les vergers aux vignes produisant le léger *théotoki* blanc. Corfou-ville, le centre urbain de l'île, a méchante apparence côté port : cette façade fut ruinée par les bombardements italiens de 1943 et bien mal reconstruite. Le reste de la cité témoigne

▲
Corfou : que ce soit pour réparer un filet, pour filer la laine ou pour faire la sieste, on est mieux à l'ombre qu'au soleil.
Phot. Motron-Fotogram

▲
Corfou : couronnée de fleurs et de plumes, une mariée en costume traditionnel.
Phot. Kramer-Pitch

▶
Corfou : derrière le couvent des Blachernes, posé au ras de l'eau et relié à la terre par le mince fil d'une digue, les hauts cyprès de l'îlot Pondikonissi.
Phot. Burri-Magnum

d'une dignité désuète et attendrissante, avec sa grande esplanade bordée d'arcades (on y joue au cricket), quelques belles maisons vaguement victoriennes, son théâtre vénitien, le palais à colonnade des gouverneurs anglais. Après avoir appartenu aux doges, puis aux Français, Corfou fut placée sous mandat britannique en 1815 et ne redevint grecque qu'en 1864. Elle n'oublia jamais son saint patron, l'évêque Spyridon : apportées jadis en cachette de Constantinople, les reliques de celui-ci reposent dans la châsse d'argent d'une église du XVIᵉ siècle au désordre baroque. L'île devient chaque été un immense club de vacances, mais Spyridon veille sur son bonheur et lui épargne miraculeusement le sort de la Costa Brava...

Passons rapidement sur Leucade, fausse île qu'une mince lagune sépare à peine de l'Épire : le port, tapi au ras de l'eau, ne manque pas d'originalité; les vignes s'accrochent à toutes les pentes. La poétesse Sappho serait morte ici, d'une sorte de jugement de Dieu qui l'obligea à plonger d'une falaise haute de 72 m, le « saut de Leucade ». Naguère propriété privée d'Onassis, Skorpios est fermée aux touristes : citation pour mémoire, donc.

Céphalonie, sœur plus vaste et moins connue de Corfou, étire ses plages peu fréquentées, ses rangées de ceps et ses olivaies à 35 km du Péloponnèse; cette île verdoyante et montagneuse, aux pinèdes échevelées et aux pentes fauves, est semée de monastères et d'églises. Ruinée en 1953 par un tremblement de terre, Argostolion, sa capitale, présente aujourd'hui des lignes modernes et fonctionnelles. Sans trop nous y attarder, gagnons Piskardon, coincée entre un bois de cyprès et la mer. De là se découvre la toute proche Ithaque — est-ce celle d'Homère? —, petite île aux délicieux paysages marins dont le port principal, Vathy, somnole au creux profond d'une baie.

Au sud de l'archipel, Zante, que les Vénitiens appelaient *Fior di Levante*, appartint au royaume d'Ulysse. Durement secouée par le séisme de 1953, elle a perdu quelques monuments mais gardé sa puissante citadelle. Des champs fleuris et des jardins exubérants bordent toujours les collines vêtues de vignes fécondes, les plages sont belles et quiètes : Zante sommeille, oubliant que, au XIXᵉ siècle, elle fut un brillant foyer littéraire et musical.

Ni ionienne ni égéenne, Cythère est désignée par l'un des « doigts » du Péloponnèse. Aphrodite y eut son temple, mais cette île aux tristes porphyres n'était vraiment pas faite pour la déesse voluptueuse. Inutile de chercher les bergers et les bergères de Watteau, les rives fleuries et les sentiers de la carte du Tendre. Cythère, rude et sèche, ignore la douceur : fermons les yeux pour garder l'illusion...

À la pointe de l'Argolide

Mollement vallonnée sous un manteau de pinèdes, avenante plus que pittoresque, Spetsæ est à portée de caïque du tentacule oriental du Péloponnèse, l'Argolide. Ses plages, doucement ventilées par une brise régulière, lui assurent la fidélité des familles bourgeoises d'Athènes, soucieuses d'assurer à leurs enfants des vacances saines. Faite pour la flânerie et les lentes promenades en fiacre, l'île est relativement calme en saison, mais repos n'y est pas synonyme d'ennui : boutiques, tavernes et cafés à terrasse ne manquent pas.

Hydra fut une base de corsaires, pirates par nécessité et par tradition, patriotes dans l'âme. Cette haute plate-forme pelée, brûlante en été, n'incite guère au vagabondage et est avare de plages. Elle n'en est pas moins les Saint-Tropez grecs! La mode s'est emparée du petit port incrusté dans les collines, et les vieilles familles hydriotes ont entrouvert aux visiteurs leurs imposantes demeures, assez solides pour résister à un siège. L'une des plus intéressantes appartint aux Coundouriotis, qui se ruinèrent pour l'indépendance grecque : au XIXᵉ siècle, les riches insulaires rivalisèrent de générosité pour armer des navires de guerre.

Collée à l'Argolide, à l'orée du golfe Saronique, reliée à Galatas par une navette de grosses barques, la campagnarde Poros n'est pas un haut lieu touristique, avec son petit port tout simple et les pauvres ruines d'un temple dédié à Poséidon.

Encerclée de pinèdes, une grosse colline panoramique domine Égine, à mi-chemin de l'Attique et du Péloponnèse. Cette île, jadis fort prospère, était devenue la bête noire des contemporains de Périclès, car elle commandait l'accès au Pirée et au golfe de Corinthe. Les Athéniens d'aujourd'hui viennent bronzer quelques heures sur les plages bordées de tamaris, ou possèdent une villa dans les pins. Ils débarquent des bateaux-navettes qui mettent Égine, la capitale de l'île, à une heure du Pirée, ou des nombreux voiliers qui s'amarrent aux quais du port tout rond de cette ville aimable, installée dans un site antique. Les habitués se baignent et se régalent de petites soles dans les restaurants du port, laissant aux touristes curieux l'élégant temple dorique d'Aphaia et l'étrange cité morte de Paléochora. Le mont Oros sert de baromètre à tout le golfe Saronique : la pluie menace lorsque les nuages stagnent au-dessus de ce piton de 532 m.

▲
Du sommet d'une colline couverte de pins, le temple d'Aphaia domine Égine, l'«île des pistaches», proche d'Athènes.
Phot. Loirat-Rapho

Les Cyclades, collier de l'île sacrée

L'anneau des Cyclades, rudes joyaux sertis de bleu vif, forme un collier autour de Délos, l'île sacrée où Léto accoucha d'Apollon et d'Artémis, les divins jumeaux. L'archipel groupe une vingtaine d'îles pittoresques et des îlots stériles, escales touristiques ou rochers négligés par les compagnies maritimes. Si les gros grains du chapelet insulaire sont recensés par les catalogues des agences de voyages, au moins à la rubrique « croisières », quelques îles modestes réservent leur beauté austère, leurs eaux limpides et leurs criques désertes aux passagers des yachts, des caïques et des petits

▲
À Kéa, l'une des Cyclades, le bourg, éblouissant de blancheur, escalade la colline striée de terrasses.
Phot. Loirat-C. D. Tétrel

vapeurs essoufflés. Parmi les séduisantes « parentes pauvres » figurent Amorgos, au décor montagneux; Ios, rousse et blanche; Kéa, surveillée par un énorme lion antique taillé dans le rocher; Kythnos où jaillissent des sources thermales; Sérifos, le gros rocher aux œillets; Siphnos, piquée de villages éblouissants; la minuscule et sèche Folégandros. Ces îles aux falaises arides, aux villages blancs et aux couvents isolés n'offrent, dans le meilleur des cas, qu'un équipement hôtelier modeste, mais il est généralement aisé de loger chez l'habitant.

De toutes les îles « rangées en cercle » (c'est le sens du mot Cyclades), la plus proche de l'Eubée, excroissance faussement insulaire de l'Attique, est Andros, dont les montagnes escarpées sont égayées par des bouquets de verdure; le chef-lieu est une charmante marine

aux étagements immaculés, et dans un arrondi de la côte se niche la plage de Batsi.

Paros est plus montagneuse, plus fleurie et moins à la mode que la fameuse Mykonos, mais elle lui ressemble pourtant, avec ses villages tout blancs, ses sveltes moulins et ses plages à l'écart des bourgades. Jadis célèbre pour son marbre éblouissant, elle est le point de rassemblement, chaque été, d'innombrables papillons, attirés par la fraîcheur et la végétation d'un vallon verdoyant. À quelques encablures, Antiparos est creusée de grottes, aménagées et éclairées pour la visite.

Île aux multiples villages et aux colombiers typiques, Tinos est vouée à la Vierge. L'église de l'Annonciation, qui domine la capitale aux ruelles dallées de marbre, abrite une icône miraculeuse, découverte au XIXe siècle près

d'une source maintenant cachée dans la crypte. Une multitude d'ex-voto témoignent de l'abondance des pèlerins qui viennent prier la Madone le 25 mars et le 15 août.

Moins accidentée que Tinos, Syros fut, au XIXe siècle, l'entrepôt des Cyclades; Ermou-

▶

Les falaises feuilletées de l'île volcanique de Milo, où fut découverte la célèbre Vénus, un des trésors du musée du Louvre.
Phot. Cinello-Cedri

polis, son chef-lieu, qui est aussi celui de tout l'archipel, est une grosse agglomération dévalant des collines; elle a perdu de son importance économique, mais reste un port de transit majeur, où sont assurées de nombreuses correspondances entre les bateaux des îles. Sur les quais, les vendeurs de loukoums proposent aux passagers leurs friandises parfumées, spécialité locale.

Volcanique, assez terne, Milo ignorait son trésor. Des Français en mission hydrographique l'ont découvert en 1820, près d'un four abandonné, et s'en sont emparés : l'île ne possède qu'une pauvre réplique en plâtre de la célèbre *Vénus* sans bras, vedette du musée du Louvre avec la *Victoire de Samothrace* et la *Joconde*. Milo conserve quelques vestiges antiques et le tragique souvenir du génocide de 416 av. J.-C., où les Athéniens massacrèrent tous les hommes qui avaient refusé de guerroyer contre Sparte.

Naxos, la plus fertile et la plus vaste des Cyclades, cultive jalousement ses jardins et ses vergers : elle s'ouvre prudemment aux touristes attirés par ses dizaines de kilomètres de plage. L'île marie heureusement le style vénitien à celui des Cyclades. Maîtres de l'archipel au XIIIᵉ siècle, les seigneurs de Venise élevèrent de nobles demeures et le palais fortifié dominant l'agglomération principale, près de laquelle un îlot porte les ruines d'un temple. Abandonnée par Thésée, qu'elle avait aidé à défier le Minotaure, la tendre Ariane serait morte à Naxos : « Vous mourûtes aux bords où vous fûtes laissée », écrit Racine, mais une légende optimiste veut qu'elle soit tombée dans les bras de Dionysos, venu goûter les bons vins locaux.

▲
Mykonos : une des ruelles étroites, bordée de maisons aux murs si souvent passés à la chaux que les angles en sont adoucis.
Phot. Boutin-Explorer

Jeu de cubes à Mykonos

Poséidon abandonna dans les flots égéens le roc énorme avec lequel il avait broyé les Géants, monstres effroyables menaçant d'investir l'Olympe. Ce rocher aride, que la mer agitée par le meltem ourla bientôt de sable, accueillit très tôt quelques Robinson Crusoë ioniens, mais n'intéressa guère les Anciens. Île vedette aujourd'hui, Mykonos n'est entrée dans l'histoire qu'à l'ère du grand tourisme. Plusieurs liaisons maritimes quotidiennes, une succession de paquebots de croisière, un pont aérien avec Athènes, une clientèle internationale : en vingt ans, le radeau de granite, morcelé par des murs de pierraille, est devenu le point de mire de la Méditerranée orientale.

Les plages, peu moelleuses ou difficiles d'accès, et la proximité de Délos, qui laisse les habitués assez indifférents, ne justifient qu'en partie le formidable engouement suscité par la petite île rugueuse, aux moulins ronds gréés de voiles. Autant que le calme — qui n'est plus qu'un souvenir —, c'est le jeu de cubes des maisons basses qui fascina les premiers amoureux de Mykonos : une architecture fantaisiste, quoique traitée à la règle et à l'équerre, une blancheur aveuglante, exaltée par quelques aplats de rose et de bleu, par la verte retombée des branches de poivrier, par la floraison des hibiscus et des lauriers-roses.

Les boutiques de souvenirs, de robes, de tissus et de lainages « locaux » se multiplient près du port, attrape-touristes où abonde la pacotille; l'île est aujourd'hui envahie par les hippies de luxe et les habitués des discothèques à la mode, investie par les accents pop et les sirtakis de la « fête permanente ». Malgré l'invasion, Mykonos préserve sa singulière beauté : passé l'agacement du premier abord, nul n'échappe au charme du bourg paradoxalement linéaire et enchevêtré, labyrinthe inlassablement rechaulé, à la séduction des placettes, des ruelles et des escaliers...

Délos, sanctuaire en mer

Si Mykonos est redevable aux touristes de sa célébrité, la toute proche Délos doit sa gloire aux dieux : consacrée d'abord à une déesse mycénienne, puis à Apollon et à un étonnant panthéon de divinités, elle fut vouée au culte dès le second millénaire av. J.-C. Cent légendes s'attachent à ce rocher bas et stérile, aujourd'hui couvert d'un important ensemble de ruines, gardé par cinq lions archaïques en marbre de Naxos. Pour la mythologie, c'est là que Léto (la Latone des Romains) mit au monde, sous un palmier, Apollon et Artémis, fruits de ses amours adultères avec Zeus : cet

▶
La voilure caractéristique de l'un des moulins à vent dont les silhouettes rondes, couronnées de chaume, sont inséparables du paysage de Mykonos.
Phot. M. Levassort

Double page suivante :
La formidable falaise, désolée et abrupte, de Théra : tout en haut s'accroche le long bourg de Phira; au pied se tapit le minuscule port de Skala.
Phot. Charbonnier-Top

Délos : cinq des neuf lions archaïques, sculptés dans le marbre de Naxos, se dressent encore face au lac Sacré, aujourd'hui asséché.
Phot. Burri-Magnum

événement était commémoré tous les quatre ans par la fête des *Delia*, une cérémonie religieuse s'achevant par des concours de gymnastique et de musique, des représentations théâtrales et un banquet. Des jeunes femmes venues du Nord mystérieux, les énigmatiques « vierges hyperboréennes », y moururent et furent vénérées pendant plus de dix siècles... Délos, qui vit proliférer des monuments de toutes sortes, fut un sanctuaire cosmopolite, les grandes figures de l'Olympe acceptant la compagnie des divinités syriennes et égyptiennes, auxquelles étaient dédiés les temples de la « terrasse des dieux étrangers ».

Chauffée à blanc par le soleil, sans végétation, Délos prospéra grâce aux pèlerins et au négoce maritime. « Purifiée » par le transfert des sépultures sur une île voisine (les Athéniens décrétèrent, en 426 av. J.-C., qu'il était « interdit d'y naître et d'y mourir »), elle accueillit par milliers les fidèles des différentes déités, puis servit de base aux commerçants les plus entreprenants de l'époque hellénistique : les caïques et les canots des paquebots de croisière abordent à l'emplacement de l'ancien port marchand, près d'une agora du IIe siècle.

Pillée par les pirates, abandonnée progressivement au début de notre ère, Délos vit ses temples s'écrouler, ses marbres brisés alimenter des fours à chaux. Désertée chaque soir par les touristes, elle ne retient aujourd'hui que les archéologues logés dans un petit hôtel réservé aux spécialistes du passé : devant les ruines des maisons dites de Cléopâtre, de Dionysos, du Trident, des Dauphins ou des Masques, on peut imaginer l'île peuplée de 25 000 habitants, à l'époque où les banquiers et les commerçants y étaient plus nombreux que les prêtres. Délos n'est pas Pompéi, mais sa longue visite, de la palestre du lac Sacré au Sarapieion, est impressionnante. Un univers de colonnes brisées, de ruines enchevêtrées, de pavements, de mosaïques, de gradins et de dalles, que l'on découvre du sommet du Cynthe : cette colline de 112 m, qui porta un sanctuaire de Zeus et d'Athena, est un merveilleux belvédère.

Théra, l'île qui explosa

Née d'une formidable colère de la terre, qui fit exploser un volcan, Théra (ou Santorin) faillit sombrer à maintes reprises, de violentes secousses telluriques l'ayant fissurée au cours des âges. Sans cesse remodelé par les éruptions et les séismes, ce bloc de lave couvert de scories a été secoué par un terrifiant soubresaut en 1956 : en moins d'une minute, des centaines de maisons s'écroulèrent, faisant une cinquantaine de morts et de nombreux blessés. Au sud des Cyclades, l'île extraordinaire jaillit des profondeurs de la mer avec ses falaises fantastiques et ses paysages de cataclysme, nuancés de rouge et de brun, timidement tachés de vert aux endroits où s'accrochent les vignes produisant un vin ambré qui ressemble un peu au xérès. À ce bloc impressionnant, entouré d'îlots nés de séismes, une ville toute blanche semble soudée, très haut au-dessus de la rade. Il est possible d'y accéder par la route, mais des mulets acrobates attendent les touristes, pour les hisser au long d'une rampe vertigineuse, coupée d'escaliers.

◄ *Terre aride, rongée par la mer et les vents, quasi inhabitée, Délos, l'île sacrée, n'est plus qu'un vaste champ de ruines.*
Phot. Von Rettig-Pitch

C'est par les lacets d'un escalier aux longues marches
soulignées de blanc que l'on monte, à pied ou à dos
d'âne, du petit port de l'île de Théra au village bâti au
sommet de la falaise.

Phot. M. Levassort

33

la Grèce

Seuls les bons marcheurs visitent les ruines antiques et byzantines de l'ancienne Théra, vaste cité fantôme située sur une croupe rocheuse, près d'une plage. Cette ville tout en longueur servit jadis de cadre à des fêtes très particulières, les Gymnopédies, données en l'honneur d'Apollon et animées par des éphèbes nus.

À trois quarts d'heure de bateau de Théra, les îles Kaïmènes paraissent une émanation de l'enfer : rien de plus désolé que ce sol soufré et brûlant, sur lequel se tordent des fumerolles...

Le Dodécanèse : quatorze îles à la douzaine

Au sud de la mer Égée, les Cyclades flirtent avec les Sporades du Sud, plus connues sous le nom de Dodécanèse : Patmos est à quelques heures de bateau de Mykonos. *Dodekanessis* signifie « douze îles », mais l'archipel égrène du nord au sud quatorze îles plus ou moins vastes, escortées d'une nuée de récifs et d'îlots. De Patmos à Rhodes, cette avant-garde de la Grèce frôle la Turquie dans un inextricable imbroglio d'eaux territoriales. Fragments du continent asiatique, ces îles servirent de marchepied aux Francs et aux croisés, appartinrent longtemps aux Turcs, dépendirent de l'Italie de 1912 à 1948, et les occupants successifs ont laissé partout des traces monumentales.

Promontoire à peine détaché de la Turquie, l'île-jardin de Cos est à une courte traversée de l'antique Halicarnasse, rebaptisée Bodrum par les Turcs. Fort connue aux temps anciens, la patrie d'Hippocrate, le créateur de la médecine moderne, a pour capitale une marine fleurie et pittoresque. À proximité de l'antique Asclépieion, sanctuaire jadis illustre du dieu médecin Asclépios (Esculape), alternent criques et plages, bordées de petits restaurants à terrasse (on y mange du poisson, mais aussi l'andouillette et le mouton du pays). À quelques îlots à mouettes de Cos, une montagne illustre tombe droit dans la mer : aride, pauvre et belle, l'étrange Patmos est vouée au souvenir de saint Jean l'Évangéliste, qui vécut dans la petite grotte Haghia Anna à la fin du Ier siècle et y eut la révélation de l'Apocalypse. Des ânes emmènent les touristes jusqu'à Chora, imbrication de maisons blanches dominée par la silhouette d'un grand monastère fortifié du

XIe siècle. L'île où saint Jean rédigea son terrifiant récit est ceinturée de petites plages équipées de quelques hôtels simples.

Voisines de l'Eubée, les Sporades du Nord

Au nord et au nord-ouest de l'Attique, les Sporades du Nord se sont inégalement ouvertes au tourisme. Qu'elles soient de sable ou de galets, les quelque soixante plages de Skiathos sont toutes, ou presque, envahies par les baigneurs grecs et étrangers. Noyée dans la végétation, l'île connaît chaque été une atmosphère de kermesse, mais la superbe étendue de sable de Koukounariès garde toute sa séduction hors saison (ourlée d'une longue pinède, c'est l'une des plus belles plages de Grèce).

Skopélos, rocheuse et verdoyante, parfumée par des plantations d'œillets, cultive jalousement ses pruniers : desséchés au four, les pruneaux du pays sont particulièrement savoureux. Malgré ses agréables plages et le caractère de sa petite « capitale » aux toits d'ardoises d'un gris tendre, l'île n'attire qu'un contingent restreint de touristes.

Skyros, au milieu de la mer Égée, resta longtemps repliée sur elle-même, ce qui sauvegarda ses traditions et un artisanat original. Le village principal a beaucoup de charme avec ses dégringolades de ruelles pentues et d'escaliers sous le *kastro* (un piton rocheux couronné d'un couvent), ses cubes blancs à terrasses et sa rue principale d'une rare étroitesse. La campagne est belle au nord, et la côte fait alterner falaises creusées de grottes, anses gracieuses et plages.

Les îles orientales

Au nord du Dodécanèse, les îles proches de la côte turque, longtemps considérées comme inaccessibles, s'ouvrent progressivement au tourisme. Si Icaria, devant laquelle Icare se brûla les ailes, est encore sauvage, les premiers commandos de vacanciers ont pourtant commencé à l'investir depuis quelques années.

Verte et fleurie, mais laissant ses roches blanches apparaître entre olivaies et vignobles, Samos n'est séparée de la Turquie que par un étroit bras de mer : le port turc de Kusadasi et le grand site d'Éphèse se visitent dans la journée. La vaste île aux nombreuses sources (Homère la baptisait « l'humide ») est montagneuse, parsemée de ruines antiques et de villages attirants. Vathy, son chef-lieu, s'étage au fond d'une baie très fermée, mais c'est près de Pythagorion — port minuscule qui doit son nom à un enfant du pays, le célèbre philosophe et mathématicien Pythagore (VIe s. av. J.-C.) — que se situe la plus belle plage. La grève est encore déserte du côté de Marathokambos, une bourgade aux vives couleurs, surplombant la côte sud. Samos, où pullulent les petits restau-

rants, produit des fruits particulièrement savoureux, ainsi qu'un vin réputé, liquoreux ou sec; on y cultive aussi un tabac blond et doux.

Les Orientales de Victor Hugo et l'un des plus célèbres tableaux de Delacroix évoquent les atroces massacres de Chio, ensanglantée par les Ottomans en 1822. À quelques encablures d'une pointe de la côte turque, cette île au relief tourmenté et aux paysages variés fabrique le mastic, gomme parfumée obtenue à partir de la résine de certains lentisques (cette pâte, très appréciée des Grecs et des Levantins, se mélange à l'alcool, à l'*ouzo* et à l'eau, ou sert à la confection d'une confiture gluante). De nombreuses routes, que l'on a souvent oublié d'asphalter, mènent à des villages d'apparence médiévale et à quelques plages.

Lesbos, lovée dans un arrondi de la côte turque, est souvent baptisée du nom de son port principal, Mytilène. Habitée depuis le

◄
À Skopélos, une trentaine d'églises rivalisent de blancheur avec les maisonnettes du bourg, où l'on peint jusqu'aux ardoises de certains toits.
Phot. M. Levassort

début de l'âge de bronze, cette île monta-gneuse, aux golfes très protégés (de véritables lacs!), a livré aux archéologues de nombreux vestiges préhistoriques et antiques. Elle doit une bonne part de sa réputation à l'ardente poétesse Sappho, qui y dirigea, au VIe siècle av. J.-C., un cour de poésie pour jeunes filles, mais se maria, fut mère de famille et, selon la petite histoire, mourut d'amour pour un homme. Plusieurs routes relient Mytilène au golfe de Kaloni, si bien fermé qu'il forme une petite mer intérieure, à de charmantes bour-gades et à la forêt pétrifiée de Sygri, au pied du mont Ordymnos : chênes, cèdres et platanes furent enfouis sous les cendres volcaniques il y a des millions d'années, se fossilisèrent et furent dégagés par le ruissellement des eaux.

Nue, basse, de climat reposant, la septen-trionale Lemnos propose quelques vestiges antiques aux amateurs d'archéologie, mais vante surtout ses plages. Sa population est parfaitement mixte, bien que la légende pré-tende que l'île était jadis peuplée uniquement de femmes, le sexe dit «faible» s'étant débarrassé des hommes à l'instigation d'Aphro-dite. (Les Argonautes surent cependant y faire des conquêtes lors d'une escale prolongée.)

Au nord de la mer Égée

Thasos et Samothrace se blottissent au fond de la mer Égée, entre la tentaculaire Chalci-dique et la Turquie. Au large de la Macédoine, Thasos, reliée au port de Kavalla par plusieurs ferries quotidiens, est accidentée, rocheuse et boisée. L'agglomération principale occupe l'emplacement d'un port et d'une cité antiques, dont on a retrouvé les fondations et fait réapparaître l'agora.

C'est dans l'île de Samothrace, grand rocher aux falaises abruptes et aux rares plages que la «montagne de la Lune» domine de ses 1 600 m, que fut découverte, en 1863, la fameuse *Victoire* qui déploie ses ailes pour accueillir les visiteurs du musée du Louvre. L'illustre statue provient du vaste sanctuaire des Grands Dieux, lieu de culte fréquenté jusqu'à l'époque ro-maine, détruit par un tremblement de terre au IVe siècle de notre ère (les monuments identifiés datent des quatre derniers siècles avant Jésus-Christ; des sculptures du Ve siècle ont été déposées au musée archéologique). Les Grands Dieux étaient, à l'origine, de primitives divi-nités thraces, mais les Grecs leur offrirent une place dans l'Olympe et des mystères aussi énigmatiques que ceux d'Éleusis.

▲
Abrité de la mer par un piton rocheux, Skyros étale ses maisons cubiques dans une petite vallée au pied de pentes couvertes de verdure.
Phot. Loirat-C. D. Tétrel

Les jeunes Crétoises portent encore, les jours de fête, la courte veste brodée de leurs ancêtres.
Phot. Delaborde-Explorer

La Crète
où vécut le Minotaure

« Au large, dans la mer vineuse, est une terre aussi belle que riche, isolée dans les flots. C'est la terre de Crète aux hommes innombrables » *(l'Odyssée).* Une crête montagneuse de 260 km, des hauteurs pelées, des steppes poudreuses glissant vers la houle des oliviers : la plus grande et la plus originale des îles grecques marque la lisière méridionale de la Méditerranée hellène. Glorieuse dès l'âge de bronze, longtemps meurtrie par l'histoire, la Crète généreuse et étrange oublie les luttes interminables du passé, ses révoltes sanglantes contre les Turcs, la dureté de l'occupation allemande pendant la Seconde Guerre mondiale. Relativement prospère aujourd'hui, cette île à part multiplie les hôtels ultramodernes au long des plages splendides et des criques dorées, mais préserve son caractère propre, que reflète mal La Canée, capitale administrative banale malgré son cachet vénitien et oriental.

Passionnés, heureux de vivre, régionalistes malgré leur profond attachement à la Grèce, les Crétois, si bien décrits par Nikos Kazantzakis, sont des musiciens-nés, de bons chanteurs, des

Assez grande pour être qualifiée par certains de « petit continent », la Crète recèle de nombreux villages pittoresques comme celui de Kritsa.
Phot. Donnezan-Rapho

L'âne et la chèvre demeurent les plus fidèles alliés du
paysan crétois.
Phot. Mounicq-Fotogram

Tête de taureau, en stéatite incrustée de cristal de roche et de nacre, provenant du palais de Cnossos. (Vase à libations du XVIᵉ s. av. J.-C., musée archéologique d'Héracleion.)
Phot. M. Levassort

danseurs endiablés; aisés ou pauvres, ils se révèlent hospitaliers quand les touristes ne tiennent pas le haut du pavé. Pour les rencontrer et comprendre l'âme crétoise, il faut délaisser les stations balnéaires et les grands sites archéologiques pour les âpres montagnes et les immenses garrigues de l'arrière-pays.

La Crète d'il y a 4000 ans justifie tous les enthousiasmes : avec ses palais fabuleux, dont le souvenir confus donna naissance à la légende

du « labyrinthe », l'île actuelle mérite plus qu'une escale. Alors que, dans la plupart des îles grecques, l'essentiel se découvre en une journée, sinon en quelques heures, il est impossible de se faire une idée valable du domaine de Minos en moins de cinq ou six jours. Outre les excursions et visites « obligatoires » (Cnossos, le musée d'Héracleion, Haghia Triada, Mallia, Phæstos, pour s'en tenir à l'Antiquité), il faudrait savourer le charme méditerranéen des petits ports d'Haghios Nicolaos et de Réthymnon l'orientale, voir un bourg crétois typique tel Kastelli, s'étonner de trouver l'Afrique près d'Haghii Déka ou du palais ruiné de Kato Zakros. Chaude au nord, subdésertique au sud, là où la montagne plonge directement dans la mer, la Crète, aride de mars à octobre, mêle des paysages variés sous un ciel d'un bleu presque brutal. Les 2 456 m du mont Ida, dont une grotte serait le berceau de Zeus, dominent d'austères espaces incultes, des collines à vignobles et à olivaies, des vallées encombrées de lauriers-roses, des vallons verdoyants. Les rochers brûlés d'une côte méridionale sauvage et méconnue contrastent avec la fertile Messara (« Le Paradis », disent les Crétois); l'extrémité orientale de l'île associe une stupéfiante palmeraie à une douce plage et à un promontoire portant des ruines helléniques. La Crète ne paraît uniforme qu'aux passagers des bateaux de croisières, pressés par les guides!

La Crète est le pays des rois de légende : son histoire est nourrie de mythes. Les fouilles, corroborant les récits venus du fond des âges, révèlent l'épanouissement en trois actes d'une riche civilisation qui dura quinze siècles : minoen ancien (2700-2000 av. J.-C., époque de l'Ancien Empire égyptien), minoen moyen (2000-1580), minoen récent (1580-1200). À ce plus-que-passé glorieux succèdent les périodes classique, hellénistique et romaine, puis un sombre Moyen Âge qui ne put s'épanouir en Renaissance. Rappelons cependant que la Crète fut vénitienne et turque, qu'elle donna le Greco à l'Espagne (Domenikos Theotokopulos naquit sans doute à Fodélé, vers 1540), et qu'elle est la patrie de Venizélos, héros de l'émancipation et organisateur de la Grèce moderne.

Avec son immense palais partiellement reconstitué, le site de Cnossos est le haut lieu minoen le plus évocateur. À partir de 1899, les fouilles patientes de l'archéologue Arthur Evans ont dégagé le prodigieux labyrinthe élevé au IIᵉ millénaire av. J.-C. par Dédale, l'architecte légendaire du roi Minos. Ce gigantesque édifice réunissait quelque 1 300 pièces sur 10 000 m², salles, appartements, ateliers et réserves étant groupés autour d'une cour centrale, de cours secondaires et de « puits de lumière ». L'insolite palais où Minos aurait enfermé le Minotaure, monstre né des amours de la reine Pasiphaé et d'un taureau, était infiniment plus raffiné que les édifices barbares de Mycènes : il restait frais au plus fort de l'interminable canicule et disposait d'installations sanitaires inconnues de Versailles au Grand Siècle!

◄

Les restaurations, contestées à cause de l'usage du ciment armé, permettent pourtant de se faire une idée du fabuleux palais de Cnossos.
Phot. Charbonnier-Top

Le fastueux musée archéologique d'Héracleion (l'ancienne Candie) montre les splendeurs d'une civilisation raffinée. La fraîcheur et la spontanéité s'allient à une étonnante sophistication, qu'il s'agisse d'objets usuels, de céramiques, de sceaux, de fresques ou de reliefs peints. L'acrobate d'ivoire de Cnossos est représenté au moment où il effectue un saut périlleux par-dessus un taureau, des moissonneurs se détachent, vivants, du fond noir d'un vase à libations, les « déesses aux serpents », seins nus jaillissant d'un bizarre corsage, évoquent la grande divinité mère. L'image la plus émouvante, parce qu'elle pourrait être contemporaine, est un spirituel visage de femme, dévoré par des yeux immenses et très fardés : sir Arthur Evans l'a surnommée « la Parisienne »... ■ Jacques-Louis DELPAL

▲
Cnossos : datant de l'âge du bronze, cette énorme fourche de pierre semble représenter les cornes d'un taureau, emblème du roi Minos.
Phot. M.-L. Maylin

▲
Sir Arthur Evans a reconstitué les colonnes en bois, posées sur un socle de pierre et coiffées d'un chapiteau en forme de galette, du palais minoen de Cnossos.
Phot. Charbonnier-Top

▶
Côte sud de la Crète : quelques maisons blotties entre la montagne ocre et l'eau transparente de la Méditerranée, le petit port de Loutro.
Phot. Loirat-C. D. Tétrel

les îles des moines hospitaliers

Trois îles de la Méditerranée, Chypre, Rhodes et Malte, la première amarrée à quelques encablures de la Turquie, la deuxième appartenant à l'archipel grec du Dodécanèse, et la troisième ancrée au large de la Sicile, ajoutent au plaisir des yeux un aliment de choix pour l'esprit. Le lien qui les unit est historique et reste sensible, malgré les ravages des siècles : c'est l'ombre prestigieuse des Hospitaliers de Saint-Jean, fondateurs de l'ordre souverain, hospitalier et militaire de Rhodes et de Malte.

L'ordre fut créé en 1080 par un Français, Gérard de Provence, pour tenir et développer un hôpital bâti par des marchands à Jérusalem, à l'intention des pèlerins venus de l'Europe chrétienne. La règle, à l'origine, astreignait les Hospitaliers aux trois vœux de pauvreté, de chasteté et d'obéissance. En 1099, après la prise de Jérusalem par Godefroi de Bouillon, lors de la première croisade, l'ordre devint militaire, sans perdre pour autant son caractère hospitalier.

Il comprenait trois classes : les chevaliers, qui devaient être nobles, les prêtres, ou aumôniers, et les frères servants, des roturiers également destinés à la profession des armes. Les chevaliers portaient le manteau noir à croix blanche par-dessus leur armure, et sur leur étendard figurait la croix blanche sur champ de gueules ; mais ils n'en continuaient pas moins à se faire appeler « Frères de l'hôpital Saint-Jean-de-Jérusalem ».

Contraints de quitter Jérusalem en 1187, lorsque la ville tomba entre les mains des troupes musulmanes commandées par le sultan d'Égypte et de Syrie Saladin Ier, les Hospitaliers s'installèrent à Saint-Jean-d'Acre.

▲
Rhodes : vu du port du Mandraki, le palais des Grands Maîtres, dont l'imposante silhouette crénelée domine toute la ville.
Phot. Loirat-Rapho

▶
Malte : appuyé sur l'un des vénérables canons hollandais du parvis de la cathédrale de Mdina, un moderne chevalier du séculaire ordre de Malte.
Phot. Serraillier-Rapho

1

Huit « langues », huit « nations »

En 1225, l'ordre fut divisé en huit « langues », ou « nations », selon l'origine de ses membres : Provence, Auvergne, France, Italie, Aragon, Allemagne, Castille (y compris le León et le Portugal), Angleterre. Chaque « langue », commandée par un chef, ou « pilier », était subdivisée en commanderies, prieurés et baillages. Depuis 1267, le supérieur général, élu par les chevaliers, porte le titre de grand maître.

L'ordre, qui resta toujours essentiellement français par le nombre de ses membres, fut mêlé, pendant sept siècles, à tous les événements qui agitèrent le Levant. Jean de Villiers en devint le grand maître après la chute de Saint-Jean-d'Acre, en 1291, lorsque les Hospitaliers émigrèrent dans l'île de Chypre, à Limassol.

En 1308, l'ordre occupa la ville de Rhodes, se rendit maître de l'île, battit monnaie et connut une brillante période jusqu'à la prise de la capitale, le 22 décembre 1522, par les Turcs de Soliman le Magnifique.

L'ordre, réduit à 180 survivants, se transporta alors successivement à Candie, à Messine, à Baies, près de Naples, à Viterbe, puis enfin, le 26 octobre 1530, à Malte, que Charles Quint leur concéda. C'est là que le grand maître Jean de La Valette prit sa revanche sur Soliman en repoussant triomphalement l'assaut des Turcs (1565). Devenus chevaliers de Malte, les anciens Hospitaliers guerroyèrent contre les musulmans pour la défense de la chrétienté et la libération des esclaves.

Puis vint Bonaparte, auquel Malte se rendit en 1798, suivi, deux ans plus tard, par les Anglais. Les chevaliers abandonnèrent l'île.

7 400 chevaliers

Après un bref détour par Saint-Pétersbourg, les errants furent recueillis par Pie VII, qui les installa à Catane, puis à Rome, en 1834, réduisant les « langues » à deux (Italie et Allemagne). En 1880, l'ordre obtint la concession de l'église Saint-Basile et le prieuré du Mont-Aventin, à Rome. En 1961, à la suite de longs et difficiles pourparlers, le Saint-Siège lui accorda une nouvelle constitution, se réservant un droit de contrôle, assumé par un cardinal patron.

Toujours dirigé par un grand maître, l'ordre comprend aujourd'hui des chevaliers profès, ayant prononcé des vœux religieux, des chevaliers d'obédience, des chevaliers laïques et des donats (laïques n'ayant pas rang de chevalier). En tout, 7 400 membres, dont 290 en France. Il possède des biens considérables. Propriétaire de nombreux hôpitaux et d'une flotte d'une centaine d'avions sanitaires, il exerce principalement son action dans le très vaste domaine de la charité.

L'ordre de Malte accrédite encore des représentants diplomatiques dans 32 pays (la France l'a reconnu en 1924). En tant qu'État souverain, il décerne des décorations, notamment la croix du Mérite de Malte.

Chypre

Les Hospitaliers de Saint-Jean n'y sont restés que dix-neuf ans, il y a près de sept siècles, et pourtant leur empreinte subsiste, à côté de celles des Templiers et des rois de la dynastie franque des Lusignan. Mais ces moines, hospitaliers, pèlerins, soldats et bâtisseurs, s'ils ne furent pas les seuls à s'imposer à Chypre, furent à ce point sensibles à la nature de l'île, à son charme, qu'ils s'y firent paysans.

Ce charme a survécu aux conquérants, aux siècles. Pour le visiteur d'aujourd'hui, cette île lointaine, tapie aux confins orientaux de la Méditerranée, ce lieu étrange, envoûtant, réunissant toutes les époques, c'est-à-dire toutes les rencontres, ce vieux pays qui est un État neuf est la terre rêvée des quatre saisons.

L'hiver, les cimes enneigées dominent les plages baignées de soleil, tandis que des flamants roses se mirent dans les lacs salés, entourés de palmiers. Au printemps, le pays tout entier se couvre de fleurs éclatantes, au pied des fûts noirs des cyprès. L'été, la brise rafraîchit délicieusement le littoral, et l'altitude adoucit le climat des montagnes. Quant à l'automne, il répand des teintes somptueuses sur les pentes des collines.

Tous les fruits de l'Orient croissent dans l'île. La légende situe même près de Tamassos (l'actuelle Politiko) l'arbre sur lequel Aphrodite cueillit les trois pommes d'or ! Partout les fleurs embaument l'air. Toujours selon la légende, la rose serait née sur la côte syrienne du sang d'Adonis, massacré par Mars changé en sanglier. Vénus, éplorée, aurait emporté la fleur

Histoire
Quelques repères

1 000-700 av. J.-C. : cités-royaumes indépendantes.
700 av. J.-C.-395 apr. J.-C. : province de l'Empire d'Orient ; ère byzantine.
431 : autonomie de l'Église de Chypre (concile d'Éphèse).
1191 : prise de l'île par Richard Cœur de Lion.
1192-1489 : royaume de Chypre, dynastie franque des Lusignan.
1489-1571 : domination vénitienne.
1571-1878 : prise de Famagouste par les Turcs, occupation ottomane.
1878-1960 : occupation britannique (1955-1959 : guerre d'indépendance).
16 août 1960 : naissance officielle de la république indépendante de Chypre.
1963 : troubles entre Grecs et Turcs.
1964 : envoi des forces de l'O.N.U.
1967 : nouveaux troubles entre Grecs et Turcs.
1974 : les forces turques occupent le nord de l'île.
1975 : le nord de l'île se proclame unilatéralement État indépendant.

▶
C'est devant ce rocher éblouissant de blancheur, émergeant des flots bleus de la Méditerranée, que la légende situe l'apparition d'Aphrodite, déesse de la Beauté.
Phot. Lessing-Magnum

jusqu'à Chypre, où les roses sont réputées pour leur parfum. Les Anciens appelaient d'ailleurs l'île « la terre qui sent bon ».

La première image qui s'offre au visiteur arrivant par avion est celle du cap Kormakiti, étalé sur l'eau comme une langue de beurre fondu, protégé sur ses arrières par l'arête

agressive de la chaîne du Pentadactylos. Le temps de se laisser fasciner par le violet de la mer, le mauve de la montagne et le bleu lavé du ciel, voici Nicosie. La ville nouvelle ne diffère en rien d'une cité occidentale. Buildings modernes, impersonnels, peu de cafés, peu de terrasses. Sommes-nous vraiment à Chypre ?

Cathédrale au-dehors, mosquée au-dedans

Tout change dès qu'on atteint les remparts, fantastiques murailles qui vous plongent d'emblée dans l'époque féodale. La vieille cité qui s'y enferme a pris possession du passé, de ses pierres, et les fait vivre à l'orientale. Sur le pont qui traverse les anciennes douves, transformées en jardins ombreux, des cireurs de chaussures saluent les passants d'un gentil quolibet. Tout le long des bastions et des petites rues qui s'enfoncent dans l'antique quartier populaire, c'est le va-et-vient coloré d'un trottoir à l'autre, d'une maison à l'autre, les palabres, les crincrins désuets des chanteurs

▲
Sur cette île périodiquement secouée par les tremblements de terre et les soubresauts de l'histoire, un paysage tout empreint de sérénité.
Phot. M. Guillard-Top

▲
L'enceinte circulaire élevée par les Vénitiens à Nicosie ne résista que quarante-huit jours aux furieux assauts des troupes ottomanes.
Phot. Hétier

de rue, l'alléchante fumée des échoppes à *souvlakia* (brochettes), mêlée à l'odeur du moka dont des serveurs à domicile vous passent les tasses sous le nez.

En suivant les ruelles traîtresses, qui ramènent au sud alors qu'on se croyait au nord, on découvre une chapelle byzantine, dont la vieille coupole posée de guingois se fait éventer par un palmier sans âge. Plus on explore ce quartier gréco-turc, qui va devenir turco-grec, puis uniquement turc, plus l'imbroglio des styles s'accentue. C'est Büyük Khan, la Grande Auberge, avec sa vaste cour encadrée de deux étages d'arcades, au centre de laquelle se dresse une minuscule mosquée. C'est encore Bédestan, le marché couvert, naguère métropole orthodoxe, jadis monastère franc. C'est enfin Sainte-Sophie, ancienne cathédrale gothique transformée en mosquée par l'adjonction de deux minarets.

On trouve ailleurs des mutations de ce genre — que certains qualifient de mutilations —, notamment à Famagouste, l'ancienne et fastueuse métropole levantine, qui posséda, dit-on, 365 églises, mais qui n'en a plus qu'une quinzaine. Protégée par de puissantes fortifications vénitiennes, la vieille cité est dominée par la cathédrale Saint-Nicolas, de style champenois ! Transformée en mosquée où pointe un minaret, c'est l'édifice gothique le plus remarquable de Chypre, avec ses trois portails, ses deux tours, ses trois nefs à colonnes rondes et son élégante abside flanquée de contreforts.

Une église construite par les anges

L'histoire chypriote, fertile en vicissitudes, a fait de l'île un carrefour de civilisations. Les sites archéologiques de l'âge du bronze voisinent avec les monuments grecs et romains. Tandis que le soleil dore les chapiteaux antiques, les fresques byzantines dorment dans la pénombre des églises de montagne. Des cathédrales gothiques semblent transplantées du lointain Occident, comme les châteaux francs ou vénitiens qui s'accrochent aux sommets. Othello et Desdémone errent sur les remparts de Famagouste ; l'ombre de Saint Louis, en route pour la croisade, se profile sur l'oasis de verdure où trônait le fabuleux palais des Lusignan, ces rois francs qui, pendant trois siècles, firent de Nicosie leur capitale ; le spectre de Richard Cœur de Lion hante le château de Limassol où il épousa Bérangère ; les fantômes de Zénon le Stoïcien, de Lazare le Ressuscité et de la tante de Mahomet parcourent les rues de Larnaca, non loin de l'église byzantine Anghéloktisti, dont le nom signifie « construite par les anges ». Étonnante synthèse d'influences, au bord de cette Méditerranée dont l'écume vit surgir Aphrodite près du blanc rocher de Paphos...

C'est Chypre l'enchanteresse, ravagée par de multiples tremblements de terre, rougie du sang des massacres, où deux races tentent de surmonter leur antagonisme ancestral après leur combat commun pour l'indépendance. C'est pourquoi, si l'on veut comprendre cette île, il faut tout voir, tout assimiler.

Une promenade à travers une campagne luxuriante, où quelques bourgs prospères s'épanouissent au milieu des vergers d'orangers et de citronniers, conduit de Nicosie à Kérynia. C'est un petit port vivant, avec ses cafés, ses restaurants et ses vieilles maisons, dominé par le puissant château des Lusignan, transformé par les Vénitiens. De belles plages, bordées d'hôtels confortables, jalonnent la côte.

Aux environs, entre mer et montagne, l'abbaye de Bellapaïs, fondée au XIIIe siècle par des moines de l'ordre des Prémontrés, dresse sa masse harmonieuse au milieu des oliviers et des cyprès. L'église, aux formes pesantes, date de l'époque de la fondation, tandis que le cloître gothique, qui en rétablit la grâce avec ses hautes arcades, ses galeries supérieures et les bâtiments qui l'encadrent, est du XIVe siècle.

Non loin de là, deux forteresses en ruine sont perchées sur des pitons rocheux : celle de Saint-Hilarion et celle de Buffavent.

◀ *Couronnés de gables ouvragés, les trois portails de la cathédrale gothique de Famagouste, aujourd'hui transformée en mosquée, sont inspirés du style champenois.*
Phot. M. Guillard-Top

▲
Saisissante évocation de la ferveur médiévale fran-
çaise, l'abbaye de Bellapaïs, fondée par l'ordre des
Prémontrés, dresse ses hauts murs parmi les cyprès, les
palmiers et les oliviers.
Phot. M. Guillard-Top

Le Royaume latin de Chypre

Les vestiges d'abbayes et de places fortes ne manquent pas. Elles étaient les bases de ce bastion avancé de la chrétienté occidentale, qui prit le nom de Royaume latin de Chypre.

Sur cette terre lointaine s'imposèrent, durant trois siècles, dix-huit princes de Lusignan et, pendant une période plus limitée, les Templiers et les Hospitaliers de Saint-Jean-de-Jérusalem. Ceux-ci occupèrent et renforcèrent le château de Limassol, dont la partie souterraine renferme une impressionnante église gothico-byzantine à trois nefs, ainsi que le château de Kolossi, à quelques kilomètres de là.

Ce dernier se réduit aujourd'hui à un donjon carré de pierre blonde, à trois étages, isolé en plein champ, en compagnie de quelques beaux arbres et d'un bosquet de mimosas. Entre autres activités, les Hospitaliers se livrèrent ici à la culture de la vigne et à la production d'un vin fameux. Celui-ci porte toujours le nom de *commandaria*, en souvenir de la commanderie de quarante villages que les moines contrôlaient autour de Limassol, à l'heure actuelle la deuxième ville de l'île, un port actif, à la population gaie, bruyante, exubérante. Ils cultivaient également la canne à sucre et la garance, et chassaient les becfigues, des petits oiseaux qu'ils faisaient mariner dans du vinaigre. Une spécialité gastronomique! Le tout était exporté vers l'Occident. L'aqueduc qui irriguait les plantations est toujours visible.

Depuis, Vénitiens, Turcs et Anglais ont pris la relève. Trop souvent dans le sang.

▲ *Le château de Kolossi fut, au XIIIᵉ s., le siège d'une importante commanderie d'Hospitaliers de Saint-Jean de Jérusalem.*
Phot. M. Guillard-Top

Une contemplation de 78 siècles

Mais remontons le temps pour découvrir le plus ancien site archéologique mis au jour à Chypre, celui de Khirokitia, dans le sud de l'île. Des hommes vivaient là quelque cinq mille huit cents ans avant notre ère. L'étude anthropologique des squelettes trouvés dans les tombes permet d'affirmer qu'il s'agissait d'un peuple venu de l'Europe continentale, avant l'apparition des Grecs en Méditerranée.

L'ensemble archéologique le plus riche, sinon le plus ancien, est situé sur la côte est, à proximité de Famagouste. Ses trésors couvrent trente-six siècles. Les fouilles d'Engomi, sans être très spectaculaires, présentent un intérêt capital sur le plan scientifique. Les habitations et les temples alignés de part et d'autre de la voie centrale, le quartier des ateliers où l'on travaillait le cuivre (première richesse minérale du pays) donnent l'impression saisissante d'une ville au peuplement dense, pleine de vie, de bruit et de mouvement. Cette cité, qui remonterait au XVIIᵉ siècle av. J.-C., utilisait une écriture, dite «chypro-minoenne», que l'on n'a pas encore réussi à déchiffrer.

Près d'Engomi s'étendent les ruines de Salamine, qui passait pour avoir été fondée par le roi de l'île grecque de Salamine à son retour de la guerre de Troie. Parmi les vestiges datant de l'époque hellénistique et romaine, on trouve un théâtre conçu pour 20 000 spectateurs, un gymnase, des thermes, la basilique Saint-Épiphane aux riches mosaïques byzantines, le forum dont on a relevé les colonnes, une bibliothèque ornée de statues décapitées, et la nécropole royale comportant tout un ensemble de tombes creusées dans le rocher.

Sur la côte occidentale, le site de Kourion égrène ses ruines romaines au long du rivage, et celui de l'antique Paphos se trouve à l'endroit où, selon la tradition, Aphrodite, déesse de l'Amour, sortit des flots...

C'est à Paphos que l'atmosphère évoque le plus la Grèce. Le paysan en costume national — grandes bottes noires, culottes bouffantes de la même couleur et foulard, toujours noir, enroulé en diadème autour de la tête — qui s'attarde dans les tavernes, après le marché, semble sortir tout droit d'une gravure illustrant un épisode des guerres de l'Indépendance hellénique. Avec sa moustache épaisse, ses grands yeux noirs, à la fois pensifs et arrogants, son visage sauvage et fier, il paraît aussi solide que les rochers du Troodhos.

Car la montagne fait partie de l'harmonie chypriote. Sur les premières pentes, le feuillage dense des bananiers alterne avec les sillons réguliers des vignes. Au passage, des villages offrent le spectacle de guirlandes de saucisses séchant au soleil. Puis, en gravissant les lacets serrés où cheminent des ânes et des chèvres, on change de saison de quart d'heure en quart d'heure. Les peupliers blancs qui jalonnent le lit d'un ruisseau sont bientôt remplacés par des oliviers et des amandiers. La teinte des collines passe du beige au gris, au bleu, au vert. La terre blanchit, tandis que la route, taillée dans les schistes multicolores à dominante rouge, s'élève au-dessus d'un torrent où les chênes font des taches fauves. Une cascade éclabousse le tronc des pins, de plus en plus serrés. Au détour d'un virage, le mont Olympe (2 134 m) perce les nuages. Et, si les dieux sont du voyage, on peut découvrir, au bout du monde, un maison toute simple, construite en partie par Rimbaud, poète devenu maçon, qui, pour ermitage, choisit l'île la plus lointaine de la Méditerranée et la région la plus isolée de l'île.

▲ *À l'ouest de Kérynia, le monastère de l'Achiropiitos et sa petite église Saint-Evlalios, plantée sur le roc au bord de l'eau.*
Phot. M. Guillard-Top

▶ *Blottie entre la mer et le flanc abrupt du Pentadactylos, Kérynia est une petite ville active et une agréable station balnéaire.*
Phot. M. Guillard-Top

Rhodes

Il n'y a plus de « Colosse » à Rhodes, mais les chevaliers de Saint-Jean sont toujours présents. Pour le visiteur arrivant dans le port, déjà ébloui par le spectacle d'îles se succédant sans trêve au milieu d'une mer d'un bleu extraordinairement vif, l'apparition de fortifications crénelées et d'un château médiéval est un spectacle qui coupe le souffle. La masse sombre de l'ancien palais des Grands Maîtres surgit au milieu des cyprès, des pins parasols et des palmiers, derrière la blancheur de Néa Agora, le Nouveau Marché, que l'on croirait arabe.

Rhodes, ville mi-luxueuse mi-pauvre, mi-occidentale mi-orientale, est une juxtaposition de civilisations. Les marques de toutes les époques s'y côtoient, soigneusement restaurées, certaines trop parfaitement reconstruites. Monuments grecs, francs, turcs et italiens cohabitent maintenant dans la fraternité silencieuse de la pierre et du béton, en couleurs naturelles et sur écran géant, pour l'enchantement suprême du touriste roi.

Ce que l'on remarque en premier, c'est ce que l'Italie fasciste a construit de 1925 à la guerre : de grands bâtiments officiels, de style vénitien modernisé, dont une fantaisie laborieuse a tenté de pallier la raideur. Voici le palais du gouvernement et ses imposantes arcades gothiques surajoutées, la mairie, le palais de justice, le théâtre, la copie léchée de l'ancienne église Saint-Jean. Quartier solennel et désert, qui voisine avec le vieux cimetière turc de Mourad Reïs où se trouvent les tombeaux des grands sultans.

Abandonnons le présent et pénétrons dans la vieille ville, que cernent les gigantesques remparts des Chevaliers, encore tout bruyants des échos de l'histoire et du cliquetis des armes.

Un château, des tours, des murailles, des ponts, des fossés, des portes, des passages secrets... L'enceinte forme un faux carré de 4 km de périmètre. À leur arrivée dans l'île, en 1306, les chevaliers s'empressèrent de compléter les fortifications byzantines existantes, dont les murs n'avaient que 2 m d'épaisseur. Après Pierre d'Aubusson et Aimery d'Amboise, le grand maître Villiers de L'Isle-Adam poursuivit le renforcement de ces défenses, qui atteignirent 12 m. En 1522, lors de l'attaque de la ville par les 100 000 Turcs de Soliman, les remparts furent divisés en plusieurs zones appelées « boulevards », que chaque « langue » eut mission de défendre. Les combats furent acharnés. La chrétienté occidentale resta sourde aux appels désespérés de cette poignée d'assiégés, résistant à la mitraille et aux assauts répétés des envahisseurs. Ceux-ci mirent six mois à enfoncer le « boulevard » de la « langue » d'Aragon et à s'emparer enfin de la ville. (Au crépuscule, sur le parvis du château, un spectacle son et lumière fait revivre ces événements avec une grande puissance d'évocation.)

Ici vivaient les moines-soldats

À l'intérieur de la citadelle, la rue des Chevaliers est la plus célèbre du Collachium, le quartier où vivaient les moines-soldats. On y trouve les maisons — les « auberges » — de chacune des « langues ». La plus grande et la plus richement décorée est l'Auberge de la Langue de France, suivie de sa chapelle et de la demeure de son chapelain, qui appartient au conservatoire de musique de la ville. En face,

Histoire
Quelques repères

L'histoire de Rhodes commence quelque vingt-cinq siècles av. J.-C., avec une peuplade venue de Crète. Quinze siècles plus tard, les Doriens s'y installent. Excellents marins, ils commercent avec Chypre et l'Égypte, fondent des colonies en Asie Mineure, en Sicile, et créent une ville qui portera plus tard le nom de Naples. Lindos est le grand centre religieux de l'île et le lieu de naissance de Cléobule, l'un des Sept Sages de la Grèce.
408 av. J.-C. : fondation de la ville de Rhodes.
Sous Vespasien, l'île est incorporée à l'Empire romain.
Saint Paul la visite.
395 : rattachement à Byzance.
VIIe s. : invasions arabes.
1204 : Rhodes indépendante.
1248 : les Génois s'emparent de l'île.
1310 : les chevaliers de Saint-Jean s'implantent à Rhodes.
1522 : conquête turque.
1912 : l'Italie chasse les Turcs et colonise l'île.
1948 : rattachement à la Grèce.

les deux bâtiments de l'Auberge de la Langue d'Espagne, reliés par un arc. À droite, l'Auberge de Provence. À gauche, l'Auberge de la Langue d'Italie et l'hôpital des Chevaliers. Celui-ci abrite le Musée archéologique, dont le trésor le plus précieux est peut-être la fameuse Aphrodite de Rhodes, du Ier siècle av. J.-C. La grande salle de l'hôpital, divisée en deux nefs par une rangée de sept piliers octogonaux, pouvait contenir plus de cent lits.

◄ *Cœur du Collachium, quartier de Rhodes occupé par l'ordre de Saint-Jean, la rue des Chevaliers est bordée par les « auberges » où les chevaliers des diverses « langues » trouvaient assistance et abri.*
Phot. J. Bottin

► *Détruit par l'explosion d'une poudrière à la fin du siècle dernier, le palais des Grands Maîtres a été reconstruit dans le style médiéval.*
Phot. Legay-AFIP

Dans ce décor, il est facile d'imaginer l'arrivée des pèlerins de la Terre sainte, harassés par un long voyage sur une coquille de noix instable, ayant traversé une mer peuplée

▲
Les galeries voûtées et les salles de l'ancien hôpital des Chevaliers abritent maintenant les collections du Musée archéologique.
Phot. J. Bottin

▶
Sur la côte orientale de l'île, la blanche bourgade de Lindos et son acropole puissamment fortifiée par les chevaliers au Moyen Âge.
Phot. Loirat-C. D. Tétrel

de vaisseaux ennemis, et voyant se dresser en face d'eux, à moins de quinze kilomètres de distance, la côte turque. Rhodes était un havre de sécurité provisoire, face au péril.

Après la prise de l'île par les Turcs et le départ de ses protecteurs, la population grecque fut abandonnée à la fureur des vainqueurs, qui massacrèrent et pillèrent sans compter. Selon l'usage, les églises furent transformées en mosquées, et le palais des Grands Maîtres devint prison, car il fallait beaucoup de place. Pour effacer le souvenir des chevaliers, les nouveaux seigneurs passèrent les remparts et ses blasons à la chaux. L'occupation s'installa pour des siècles, laissant tomber en ruine les constructions des chrétiens, faisant éclore une forêt d'échoppes minuscules et miséreuses.

On retrouve ces constructions en flânant dans les ruelles aux cent arcades — précaution, paraît-il, contre les tremblements de terre —, avec, de-ci de-là, une placette aux contours fantaisistes, un palmier étrangement tordu, une mosquée parfois branlante et des murs lézardés que personne ne songe à consolider. Un bazar étonnant, détonnant avec les orgueilleux remparts d'Occident qui l'entourent, est séparé de l'habitat gothique des chevaliers par la rue Socratous, paradis des lécheurs de vitrines.

Un « Colosse »
qui mourut jeune

La porte de la Liberté conduit directement au petit port du Mandraki, où il est agréable de flâner. Il est bien pittoresque, avec ses bateaux multicolores et ses trois antiques moulins montant la garde sur la jetée, eux-mêmes protégés par un ouvrage qui constituait la clé des défenses nord de la cité des chevaliers : le fort Saint-Nicolas. Deux colonnes le surveillent, portant à leur sommet un cerf et une biche, emblèmes de l'île que l'on retrouve partout, sur les vases, les plats, les bijoux, les céramiques d'art...

C'est aussi sur le port, mais dans le fond, que s'élevait autrefois un autre défenseur fabuleux, le fameux Colosse de Rhodes, l'une des Sept Merveilles du monde, un monument en bronze de 35 m de haut, que Charès de Lindos mit douze ans à édifier vers l'an 300 av. J.-C. Cette statue prodigieuse ne resta debout qu'une soixantaine d'années : un violent tremblement de terre la jeta au sol. Les débris demeurèrent sur place pendant neuf siècles, jusqu'au jour où

les Arabes les transportèrent en Asie Mineure et les vendirent à un marchand. 900 chameaux, dit-on, furent nécessaires à l'acheteur pour emporter ces restes vénérables.

Restons dans l'Antiquité et sautons d'un pas de géant sur le mont Smith, l'éminence qui domine la ville, pour y admirer l'ancienne acropole, y découvrir quelques colonnes, des oliviers, des chèvres se profilant sur fond de ciel et de mer : harmonie grecque...

Car Rhodes n'est pas seulement une cité, avec ses décors hollywoodiens, ses pierres trop nettes, ses échoppes croulantes. Il y a aussi les jardins, la campagne où les palmiers et les cyprès sombres rendent plus éclatants les ibiscus, ces fleurs de sang qui sont également des emblèmes de l'île.

Il faut suivre la route qui conduit au sud, au milieu d'un parterre d'orangers, parmi le défilé des paysans juchés sur leurs petits ânes, portant des paniers pleins de fruits au village voisin, blanc de chaux et de poussière. Tout à coup, après la traversée de landes montagneuses et désertiques, une vue immense, inoubliable : celle d'un formidable rocher, dominant de très haut une côte déchiquetée. Aux premiers jours du printemps, on y monte entre des tapis d'asphodèles, parsemés d'anémones sauvages de toutes les couleurs. Sur la plate-forme, l'acropole de Lindos et les colonnes du temple d'Athéna Lindia semblent planer entre ciel et terre. La perfection...

En deçà, à distance respectueuse, une énorme forteresse épouse le roc, et l'ensemble est si harmonieux, les hommes et la nature ont collaboré dans une entente si complète qu'on en retire une impression d'éternité bienheureuse. Les dieux et les chevaliers veillent...

▲ Pavé de larges dalles, égayé par une fontaine moderne, un coin de la vieille ville de Rhodes.
Phot. J. Bottin

▲ Dans l'intérieur de l'île, les paysannes fabriquent à la main des tapis aux couleurs vives.
Phot. M. Levassort

▶ Acropole de Lindos : le portique dorique du sanctuaire de la déesse Athéna, élevé par les Grecs plusieurs siècles avant notre ère.
Phot. Hinous-Top

Malte

Refoulés de Rhodes par Soliman en 1522, le grand maître Villiers de L'Isle-Adam et les 180 rescapés du massacre errèrent quelques années avant de débarquer à Malte en 1530. Les chevaliers de Saint-Jean-de-Jérusalem, qui allaient s'accrocher à ces cailloux durant près de trois cents ans, pour la plus grande gloire de Dieu, ne pouvaient choisir base plus propice à la lutte qu'ils menaient pour contenir la marée de l'islām. Point névralgique de la Méditerranée, charnière entre l'Europe et l'Afrique musulmane, l'archipel maltais allait être, pendant des siècles, le bastion avancé du catholicisme militant.

Trente-cinq ans plus tard, les chevaliers eurent à soutenir le siège le plus sévère que Malte ait jamais subi au cours de son histoire tourmentée. Après quatre mois de combats acharnés, les assiégés, galvanisés par l'énergie de leur grand maître, Jean Parisot de La Valette, parvinrent à repousser les assaillants turcs et leurs alliés barbaresques, pourtant cinq fois plus nombreux qu'eux. Cette victoire eut un retentissement extraordinaire.

La plus vaste place d'armes d'Europe

La ville-capitale de La Valette est née de ces événements dramatiques, sous l'impulsion de celui qui lui a donné son nom. Le spectacle est encore impressionnant aujourd'hui. Cette cité inexpugnable, ce fort Saint-Elme qui en constitue la proue et s'élève à plus de 60 m au-dessus

Histoire
Quelques repères

Sous dépendance phénicienne à l'origine, Malte est successivement occupée par les Grecs, les Carthaginois, les Romains, les Arabes, les Normands, les Angevins, les Aragonais et les Castillans.
1530 : Charles Quint cède l'archipel aux Hospitaliers de Saint-Jean-de-Jérusalem, qui prennent le nom de chevaliers de Malte.
1798 : Bonaparte s'empare de Malte ; départ des chevaliers.
1800 : les Maltais chassent les Français.
1802 : les Anglais s'implantent dans l'archipel, qui leur est officiellement concédé en 1815 par le congrès de Vienne.
1939-1945 : l'île est une base stratégique de première importance.
1964 : Malte devient indépendante.
1974 : proclamation de la république.

de la mer, ces fortifications gigantesques, cette place d'armes qui demeure la plus vaste d'Europe occupent toute la presqu'île de Sciberras, entre les deux rades naturelles de Marsamxett au nord et de Grand-Harbour au sud. Commencée moins de six mois après le siège, la place ne cessa d'être renforcée, améliorée pendant plus de deux siècles.

Complétée par les « trois villes » — Cospicua, Senglea et Vittoriosa — qui la gardent au sud et par les forts qui, de tous côtés, en défendent les accès, tant par terre que par mer, La Valette est un assemblage de murailles immenses, de fossés vertigineux, de tours et de bastions qui lui confèrent un aspect de redoutable puissance guerrière.

Il faut faire le tour des remparts par le bord de mer pour mesurer la dimension colossale des défenses. Certes, la cité semble appartenir à un âge révolu, avec ses portes fortifiées et ses

▲
Édifiée par le grand maître Jean de La Valette pour résister aux agressions des Turcs, La Valette, capitale de Malte, est une formidable citadelle.
Phot. Serraillier-Rapho

de couleur locale. Un grouillement humain envahit Republic Street, la rue principale, aux heures tièdes du crépuscule : un petit peuple heureux de vivre, tout de simplicité et de gentillesse, dans lequel les amateurs de folklore regretteront seulement de rencontrer bien peu de Maltaises portant la *faldetta*, ce long voile noir qui évoque celui des Tunisiennes.

Des bâtisseurs infatigables

Mais, pour le touriste, ce qui fait surtout l'attrait de La Valette, ce sont les monuments qu'y ont laissés partout les chevaliers.

À Malte comme à Rhodes, ils se montrèrent d'infatigables bâtisseurs, couvrant l'archipel d'églises et de palais aux dimensions considérables. À La Valette, ils édifièrent des « auberges » somptueuses pour héberger les différentes « langues », se logeant luxueusement tout en poursuivant sans relâche leurs efforts pour rendre la ville inexpugnable.

Le musée national des Beaux-Arts, avec ses tableaux de maîtres, et celui d'Archéologie, avec ses collections préhistoriques, ont trouvé abri dans la prestigieuse Auberge de la Langue de Provence, celle-là même à laquelle appartenait Jean de La Valette. L'ancien Parlement de Malte, imitation parfaite de celui de Westminster avec ses banquettes rouges, son *speaker* muet et son opposition, occupait une partie du palais des Grands Maîtres, et le ministère de la Culture a succédé à la résidence du Premier ministre dans l'Auberge d'Aragon. Les services administratifs occupent l'Auberge de Castille, l'un des plus somptueux monuments de la ville, et l'hôtel des postes est logé à l'enseigne de l'Auberge d'Italie. Au fond de Queen's Square, derrière la statue de la reine Victoria, la bibliothèque de l'Ordre est devenue la Bibliothèque nationale. Malheureusement, les bombardements de la dernière guerre ont rasé les Auberges de France et d'Auvergne.

Une floraison d'églises

Quant aux édifices religieux de la ville, en dehors de la cathédrale anglicane construite au XIXᵉ siècle sur l'emplacement de l'ancienne Auberge d'Allemagne, ils datent tous de l'époque des chevaliers. Il sont nombreux et fréquentés, car les Maltais sont très pieux.

échauguettes, mais il ne faut pas oublier qu'elle était encore suffisamment menaçante, pendant la Seconde Guerre mondiale, pour contraindre les puissances de l'Axe à renoncer aux projets d'invasion qu'elles avaient nourris.

À l'intérieur des murs, la ville, avec ses étroites rues rectilignes qui se coupent à angle droit, ses maisons hautes et sombres, ses miradors et ses moucharabiehs, ses escaliers à larges marches et ses arcades, ne manque pas

▶ *L'Auberge de Castille et de León est le plus somptueux des palais que les chevaliers se bâtirent à La Valette.*
Phot. Rémy

squelettes, gravés dans le marbre ou dessinés en fines mosaïques avec un réalisme cruel, côtoient des paysages calmes, des marines, des angelots, des batailles navales, et, surtout, des blasons où revient sans cesse, comme une lancinante mélopée, la croix à huit pointes.

Toute la chrétienté est là, sous vos pieds. Voici le cortège des Italiens, les Doria, les Piccolomini, les Malaspina, les Grimaldi. Et puis les Allemands, les Anglais, les Espagnols les Portugais et même les Hongrois. Et encore les Français, avec Montferré, Sainte-Jaye, Dolomieu, Boisgelin... Autant de témoins muets des luttes qui se livrèrent jadis pour la défense de la religion... et la domination de la Méditerranée.

L'ombre d'un autre témoin, plus serein, plane sur l'île : celle de saint Paul, l'apôtre du Christ. Conduit de Jérusalem à Rome pour y être jugé, il fit naufrage au nord de Malte en l'an 60, à proximité de la baie qui porte son nom. La tradition veut qu'il se soit réfugié dans une grotte, à l'intérieur des terres (grotte de Saint-Paul, à Rabat) et qu'il y ait passé trois mois. Il reçut un accueil bienveillant des Maltais, qui furent parmi les premiers à se convertir au christianisme.

Les catacombes de Saint-Paul, toutes proches de la grotte, sont typiques des cimetières souterrains chrétiens, tels qu'on les aménageait au IVᵉ siècle. On y trouve des tables rondes, dites « tables d'agapes », taillées dans le roc, autour desquelles les parents du défunt s'installaient pour partager un repas d'adieu.

Une autre grotte, païenne celle-là, nous plonge dans la légende d'Homère. C'est celle de Calypso, dans la petite île voisine de Gozo. Est-ce là que la nymphe accueillit Ulysse, naufragé, et le retint dix ans sous son charme ? Les sables rouges, à quelque 120 m en contrebas, semblent inviter le marin à venir sur les dunes jouir d'une paix que rien ne trouble.

Des temples vieux de cinq mille ans

Immuable aussi est la paix des temples mégalithiques surgis du fond des âges pour former, à Malte et à Gozo, des ensembles qui sont certainement les plus beaux d'Europe et peut-être même du monde.

Quelque trois mille ans avant Jésus-Christ, une civilisation très élaborée fit de l'archipel

Le plus extraordinaire de ces monuments est l'ancienne église conventuelle de l'Ordre, aujourd'hui cathédrale et naturellement placée sous la protection de saint Jean. Coincée au milieu des hautes maisons de la ville, cette cathédrale (ou, plus exactement, cocathédrale, car elle partage son titre avec l'église de Città Vecchia) fait naître, dès qu'on en franchit le seuil, une émotion si intense qu'il faut quelques instants pour retrouver ses esprits. L'immense voûte peinte par le Calabrais Mattia Preti, chevalier de Malte, les arabesques dorées qui courent le long des murs, les dentelles de pierre des énormes piliers, les murs ciselés de vert et de bleu, les croix de Malte blanches sur fond rouge, les symboles héraldiques des différentes « langues » semés à profusion, les peintures du Caravage, fait chevalier par grâce magistrale, et notamment *la Décollation de Jean-Baptiste*, un chef-d'œuvre, tout sollicite l'attention, tout est cause d'émerveillement.

Mais le plus impressionnant est le pavement monumental de l'édifice, uniquement constitué de pierres tombales. Il y en a presque autant que de jours dans l'année, 360 environ, et chacune d'elles est une merveille d'incrustation de marbres polychromes. C'est un vertige de couleurs, un véritable musée de l'armorial où chaque pierre non seulement rappelle au visiteur le souvenir de quelque illustre chevalier, mais se présente comme un tableau de maître.

À mesure que les pas vous entraînent, on découvre toute l'histoire de l'Ordre, racontée en images fastueuses et hallucinantes. Des

▲
Bordée d'immeubles à vérandas, une des rues de La Valette qui dévalent par des escaliers jusqu'à la mer.
Phot. Rémy

maltais un foyer de culture fort en avance sur l'ensemble du bassin de la Méditerranée occidentale. Elle se caractérise par un développement des arts et des industries qui lui permet de rivaliser avec les raffinements du Moyen-Orient, et par l'érection de nombreux temples.

Il ne s'agit pas de cercles ou d'alignements comme ceux que l'on voit en Bretagne, par exemple, mais de véritables sanctuaires, avec portique, enceinte, narthex, chœur, autel, nefs et niches. Alors que la plupart des monuments mégalithiques n'apparaissent que comme de simples ébauches, les temples maltais sont des constructions complexes, dont les murailles ne laissent subsister aucun interstice, toutes les pierres étant posées de manière à venir s'encastrer dans les précédentes comme les dents d'une mâchoire.

Les éléments les plus anciens ont environ cinq mille trois cents ans : ce sont les tombes collectives de Zebbug. À partir de 2900 av. J.-C. s'élèvent les temples de Ta'Hagrat, près de Mgarr, et, peu après, les vastes réalisations de Ggantija, dans l'île de Gozo.

Ces ouvrages sont dignes des Titans. Leurs dimensions sont colossales. L'enceinte de Mnajdra, par exemple, compte 85 mégalithes, dont le plus petit pèse 2 tonnes. À Hagar Qim, la pierre la plus considérable mesure 7 m de long et pèse 21 tonnes. Quant au célèbre ensemble

◀
Sur un site perché au-dessus de la mer, la silencieuse Mdina, ancienne capitale de Malte, n'est séparée que par un fossé de la populeuse Rabat.
Phot. Wagret-Fotogram

▲
Contemporains de la civilisation crétoise, les temples mégalithiques de Mnajdra se dressent depuis des millénaires face à l'îlot désert de Filfla.
Phot. C. Lénars

des trois temples de Tarxien, il ne groupe pas moins de 370 mégalithes.

Tous les monuments sont en forme de trèfle, trois salles semi-circulaires débouchant sur une sorte de cour carrée. Il semble que la notion de trinité ait eu, dès cette haute époque, l'importance symbolique qu'elle a conservée à travers les siècles dans la plupart des religions.

Ces temples surprennent aussi par leur décoration. En Europe continentale, l'art mégalithique est généralement un art brut, sans dessins ni sculptures. À Malte, la pierre est très souvent travaillée, soit en spirale, soit en nid-d'abeilles. Encore des symboles, correspondant à une certaine idée de la représentation magique de la vie.

Après les vastes constructions en plein air, l'Hypogée de Hal Saflieni, à Paola, près de La Valette, peut déconcerter. Unique en son genre, cette étrange demeure souterraine des dieux de la préhistoire comporte trois étages de salles, reliés par des vestibules et des escaliers, construits autour d'une pièce centrale, dite « Saint des Saints ». Ce labyrinthe, taillé par la main de l'homme dans le calcaire voici près de cinq mille ans, était, à l'origine, un temple dans lequel se déroulaient de mystérieuses cérémonies. Par la suite, il devint une sépulture collective. On y a trouvé quelque 7 000 squelettes, ainsi que des trésors de bijoux et de poteries.

Curieux voisinage ! Hommes préhistoriques, chevaliers de Saint-Jean... Un monde de silence, une civilisation de gisants qui ont animé Malte, terre des dieux et citadelle de Dieu. Aujourd'hui, une île vivante, gorgée de soleil et d'histoire■   Michel LEFÈBVRE

▲
Faits de pierres taillées soigneusement ajustées et souvent de dimensions considérables, les temples de Mnajdra témoignent d'une technicité assez avancée.
Phot. C. Lénars

▲
Les joyeuses couleurs dont les pêcheurs parent leurs barques donnent un air de fête à la rade de Marsaxlokk.
Phot. Wagret-Fotogram

▶
Point culminant de Malte, les falaises de Dingli dressent leur haute muraille entre la Méditerranée et la mosaïque des cultures cloisonnées de murets.
Phot. Serraillier-Rapho.

la Yougoslavie

Six républiques
pour un pays

On doit au pandit Nehru la meilleure définition de la Yougoslavie : « Il y a dans ce pays six républiques : Slovénie, Croatie, Serbie, Bosnie-Herzégovine, Monténégro et Macédoine ; cinq nations : slovène, serbe, croate, monténégrine, macédonienne ; quatre langues : slovène, serbe, croate, macédonienne ; trois religions : orthodoxe, catholique et musulmane ; deux alphabets : latin et cyrillique ; et une seule volonté : celle de l'indépendance. »

Cette indépendance bien gagnée est toute récente : elle date du 1er décembre 1918. Jusque-là, chaque tribu slave venue des forêts du Dniepr s'était cramponnée de toutes ses forces à sa langue et à ses coutumes pour garder son identité. Les occupants cependant, nombreux au cours des siècles, ont, par leur apport culturel, enrichi la mosaïque yougoslave. Comme si les hommes s'étaient mis à l'unisson de la nature pour placer ce pays sous le signe de la diversité.

Paysages à l'italienne, montagnes et villes autrichiennes, couvents byzantins, minarets orientaux, criques et archipels... autant de traits de caractère géographiques ou humains qui sont des invitations au voyage pour l'esprit curieux et l'amateur de dépaysement. Sans compter que, du contact entre les Slaves du Sud — c'est la signification du mot « yougoslave » — et l'univers méditerranéen, est née une prenante atmosphère. Et ce charme est le ciment qui unit les cent visages de la Yougoslavie en un tout plein de séduction.

▲
Derrière les clochers de Perast, les bouches de Kotor, qui entaillent comme un fjord la côte du Monténégro, et l'îlot de Gospa od Škrpjela, qui est un but de pèlerinages.
Phot. Loirat-C. D. Tétrel

la Slovénie

Première étape en pays yougoslave, la Slovénie évoque fortement le Tyrol tout proche. Le massif du Triglav (2 863 m), royaume de Zlatorog, le chamois aux cornes d'or gardien des trésors des vieux Slaves, est le terrain d'élection des alpinistes en été et des skieurs en hiver. Des milliers de grottes trouent la montagne. Dans celles de Postojna — les plus visitées d'Europe —, le calcaire a composé un ballet de formes et de couleurs qui surpasse ce que l'art baroque a produit de plus extravagant. La Pivka y coule, fleuve des ténèbres peuplé de protées, sortes de salamandres aveugles, uniques en Europe. Le karst — du nom de la région du Kras, ou Karst, ainsi entrée dans le vocabulaire géologique — couvre une grande partie de la Slovénie. Cette rocaille endurcit le sabot des chevaux, ce qui a favorisé l'élevage des juments blanches de Lipica, destinées à la haute école du Manège espagnol de Vienne. Les eaux pluviales s'infiltrent dans les gerçures du sol pour resurgir dans les vallées et former des lacs intermittents. Le plus célèbre se trouve à Cerknica. Les Alpes Juliennes cachent dans leurs forêts deux lacs complémentaires : Bohinj et Bled. Le premier, d'origine glaciaire, est situé au creux d'un cirque de hautes montagnes. Le second a la particularité d'être alimenté par des sources chaudes. Les villages, aux fermes couvertes de chaume, sont groupés autour de clochers typiquement autrichiens, c'est-à-dire effilés en prolongement d'une base carrée ou renflés d'un double bulbe.

Les Slovènes sont, en général, blonds avec les yeux clairs. Ils sont profondément catholiques et, malgré mille ans d'occupation germanique, ont conservé leur langue et des traditions encore extraordinairement vivantes. Le génie populaire de ces montagnards s'exprime notamment dans la décoration. Les portes des ruches sont ornées de scènes rappelant l'imagerie d'Épinal : ici, le diable aiguise la langue de la commère ; là, les animaux célèbrent les funérailles du chasseur. À Pâques, on offre des œufs bariolés.

La Slovénie garde un souvenir particulier de la France : la tombe du dernier de ses rois,

Charles X ; celui qui rêvait d'une monarchie absolue repose maintenant en terre socialiste (dans la crypte du monastère de Kostanjevica).

À Ljubljana, la capitale, où se mêlent les influences de l'Autriche et de l'Italie, Napoléon jouit encore d'une solide réputation : après avoir chassé l'Autrichien abhorré, il fut le promoteur du rassemblement des Provinces Illyriennes, qui devaient grouper tous les Slaves du Sud. C'est ainsi que naquit l'idée d'un État yougoslave.

Les Slovènes possèdent une étroite fenêtre sur l'Adriatique, et leurs trois ports de pêche ont un air de famille avec ceux de la région de Trieste. Ce sont Koper (où, au début de l'été, se déroule un festival réputé de danses folkloriques), Piran et Portorož (devenu une station balnéaire), ceinturés par le bleu de la mer et le vert des vignobles et des oliveraies.

Histoire
Quelques repères

Octobre 1918 : naissance de l'union des Serbes, Croates et Slovènes à la suite de la chute de l'empire des Habsbourg ; un mois plus tard, le Monténégro se joint à l'union ;
Décembre 1918 : création du royaume des Serbes, Croates et Slovènes ;
1931 : le pays prend le nom de Yougoslavie ;
29 novembre 1945 : proclamation de la république.

la Croatie

L'Istrie
et l'archipel du Kvarner

Dix fois conquise et partagée, la péninsule triangulaire de l'Istrie est finalement devenue yougoslave en 1945. Si elle est croate de cœur, de langue et de tradition, ses paysages sont italiens. La basilique byzantine de Poreč (VIe s.), décorée d'admirables mosaïques à fond d'or, d'inspiration chrétienne mais de style gréco-romain, rappelle Ravenne. La ville de Pula n'en finit pas d'agoniser dans sa splendeur romaine presque intacte : sur le port, les prodigieuses arènes d'Auguste, bâties avec la pierre blanche d'Istrie, servent maintenant de cadre à un festival cinématographique. Au large, les îles Brioni sont la résidence d'été du chef de l'État, le maréchal Tito. La Riviera du Kvarner est bordée de collines boisées de pins

et de cyprès. Entaillée par des vallées encaissées, elle s'incurve pour former des golfes aux eaux limpides, parsemés de villages de pêcheurs tassés sur les hauteurs, où, l'été, les étroites ruelles gardent leur fraîcheur.

À l'horizon, c'est l'étonnant troupeau des 1 233 îles qui se bousculent jusqu'aux frontières du Monténégro. Parmi elles méritent une mention spéciale : Cres, qui conserve (à Valun) la plus ancienne inscription glagolitique, ancienne écriture des Slaves ; Susak, réputée pour son

◄

L'amphithéâtre de Pula, imposant témoin de l'époque où l'Empire romain, à l'apogée de sa puissance, dotait ses colonies de monuments somptueux.
Phot. M. Guillard-Top

vin et ses mariées en minijupes festonnées ;
Krk — la plus vaste — où l'on danse encore le
tanac, au son du *sopile* (flûte) ou du *misnice*
(cornemuse).

Sur le continent, Opatija, avec son décor
rétro, se souvient qu'elle fut le rendez-vous de
la haute société de l'Empire austro-hongrois et
reste l'une des plus importantes stations balnéaires du pays. Rijeka, port rival de Trieste,
est le point de départ de nombreuses croisières
dans l'archipel dalmate.

Zagreb
et la côte dalmate

On ne sait si la Croatie doit plus à la terre ou
à la mer : d'innombrables baies festonnent ce
littoral, qui s'étire en un étroit ruban, serré
dans l'étau que forment l'Adriatique et le
calcaire gris du Velebit. La baie de Bakar est
hérissée d'échelles hautes de 25 à 30 m,

surmontées d'un parasol : ce sont les postes
d'observation des pêcheurs de thons, qui,
lorsque les bancs sont signalés, tendent les
filets et rabattent les poissons vers la rive.
Face à la crique de Zavratnica, d'une aride
beauté, apparaît l'île de Rab, couverte d'une
opulente toison d'yeuses et d'agaves. Celle de
Pag est connue pour son fromage de brebis —
le parmesan croate — et pour ses dentelles
d'une finesse arachnéenne. Zadar, patrie du
maraskino, possède un trésor d'orfèvrerie qui

*Au cœur des Alpes slovènes, le lac de Bled, l'île boisée
portant l'église baroque Sainte-Marie-du-Lac et, au
fond, sur un piton rocheux, l'ancienne forteresse
médiévale.*
Phot. M. Levassort

contient des bras reliquaires, symboles de la Prédication, et des bustes en or ou en argent. Ces pièces ne sont pas exposées dans l'église Saint-Donat, vieux sanctuaire du Moyen Âge transformé en musée archéologique, mais au couvent de Sainte-Marie.

Si les chutes de la Krka sont impressionnantes par leur saut de 50 m, que dire du spectacle offert par les seize lacs de Plitvice se déversant les uns dans les autres par un escalier de cascades !

Zagreb, capitale de la Croatie, est une ville germanique, au style baroque évocateur des riches heures de l'Empire austro-hongrois. De la monotone Slavonie (Croatie du Nord) nous ne retiendrons qu'un village, Hlebine. Là, en 1931, Ivan Generalic et deux autres paysans, pour protester contre l'injustice sociale, évo-

quèrent sur toile la rude vie quotidienne des villageois : la peinture naïve yougoslave, aujourd'hui mondialement connue, était née.

Mais voici Trogir, joyau vénitien de la côte dalmate. Cité souveraine, elle eut son ambassade auprès de Louis XIV. Ses venelles sont bordées de maisons patriciennes au portail armorié. Ville-musée où se retrouvent les empreintes des civilisations de ses occupants successifs, Trogir possède, avec le portail de Radovan de la cathédrale Saint-Laurent, un chef-d'œuvre de la sculpture médiévale teintée de réalisme slave.

Aux abords de Split se trouve Solin, l'ancienne *Salona,* capitale romaine de la Dalmatie. C'est là que naquit, dans une famille très modeste, l'empereur romain Dioclétien. Désirant bâtir une villa pour abriter ses vieux jours,

il ordonna à ses architectes : « Construisez pour l'éternité. » L'entreprise dura dix ans. Lorsque les Avars envahirent le pays, deux mille chrétiens se réfugièrent dans le palais, transformant les couloirs en ruelles, cloisonnant les salles pour en faire des appartements, murant les portes inutiles, élevant des étages : la cité de Split était née. Mestrovic, le Rodin yougoslave, a légué à la nation sa résidence d'été ; elle est transformée en musée, où sont réunies les œuvres les plus représentatives de celui que Rodin appelait « le plus grand phénomène parmi les sculpteurs ».

Pour commémorer la victoire de 1715, qui arrêta la pénétration turque dans l'Europe chrétienne, les habitants de Sinj — dans les parages de Split — organisent l'*Alka,* tournoi équestre qui rappelle le *Palio* de Sienne.

▲
Le littoral dalmate est bordé d'une multitude d'îles de toutes tailles, dénudées ou boisées, désertes ou habitées, qui l'ont fait surnommer «la côte aux mille îles».
Phot. Loirat-C. D. Tétrel

▶
Vestige de l'immense palais édifié à Split par Dioclétien, le péristyle et son porche monumental. Derrière les colonnes de gauche se trouve le mausolée de l'empereur, devenu cathédrale.
Phot. Loirat-C. D. Tétrel

De l'archipel
des Kornat à Korčula

Entre Zadar et Šibenik sont posées sur la mer transparente les 365 îles de l'archipel des Kornat, labyrinthe d'îlots sauvages et de récifs calcaires qui font le gros dos comme des monstres antédiluviens.

À l'est des Kornat, Brač est réputée depuis l'Antiquité pour son calcaire et pour son vin, le *vugava*. Hvar, la Madère yougoslave, est l'île la plus ensoleillée de l'Adriatique (elle ne connaît que deux jours de gel par an) et, couverte d'une végétation luxuriante, elle embaume la lavande et le romarin. Šolta, où abondent la vigne et l'olivier, est connue pour l'excellence de son miel. L'île de Vis, aux côtes abruptes, est une base de la marine nationale ; c'est aussi le point de départ pour l'îlot de Brusnik, rendez-vous des pêcheurs de langoustes. La Modra Špilja (grotte d'Azur qui surpasse, disent les connaisseurs, celle de Capri) s'ouvre dans l'îlot de Biševo : le soleil illumine la grotte par réfraction, et les parois sont éclairées par une lueur parée de toutes les nuances du bleu.

Sur le marché de Dubrovnik, les coiffes amidonnées des paysannes venues de la proche vallée de Konavle vendre leurs fruits et leurs légumes.
Phot. R. Thuillier
▼

Korčula — Corcyre la Noire — est tout entière bâtie en belles pierres blanches. Son nom lui vient du manteau de forêts dont elle était vêtue. Les Vénitiens, qui n'avaient pas de préoccupations écologiques, exploitèrent cette richesse sans vergogne, et les pins de Korčula servirent aux fondations des palais de la cité des Doges. Korčula se flatte de posséder la maison natale du plus célèbre des touristes : Marco Polo. Le 27 juillet, les habitants commémorent la victoire de leurs ancêtres sur les Turcs (1571) en se livrant au jeu de la *Moreška :* armées turques, en noir, et armées chrétiennes, en rouge, s'affrontent en un ballet souple et bondissant, qui n'est pas sans rappeler certaines chorégraphies de l'Opéra de Pékin.

La presqu'île de Pelješac, située face à Korčula, est connue des naturalistes, car ses forêts abritent encore le chacal d'Europe, plus petit que son congénère d'Afrique. La presqu'île est aussi le lieu de retraite favori des capitaines au long cours. Devant un verre de *grk* (le vin blanc local, aussi sec que son nom), les vieux marins racontent des aventures que l'on croirait sorties tout droit d'un livre de Blaise Cendrars. Les immenses plaines marécageuses de l'estuaire de la Neretva étaient naguère un repaire de pirates. Ceux-ci ayant disparu et l'homme s'étant mis en tête d'utiliser à son profit cette fertile rencontre des terres et des eaux, la vie s'y écoule, aujourd'hui, au rythme paisible des travaux des champs.

Flânerie dans l'antique Raguse

Dubrovnik, principal pôle d'attraction touristique de la Yougoslavie ! En juillet et en août, il y a plus de visiteurs que d'autochtones dans l'antique Raguse, illuminée par la blancheur des pierres, par l'or roux des tuiles, par la lumière

▲
Parc national de Plitvice : coupées de barrages naturels, les gorges de la Korana forment un long escalier d'eau, serti dans les rochers et la verdure.
Phot. M. Guillard-Top

du soleil qui s'insinue jusque dans les venelles. C'est dans le calme de l'automne ou du printemps que l'on a le plus de chances de pénétrer dans l'intimité de cette ville de palais et de couvents, aristocratique et lettrée, qui a conservé, par-delà les siècles, les charmes de la Renaissance. Raguse, la rivale de Venise, reçut du pape l'autorisation exclusive de commercer avec les infidèles et obtint ainsi le contrôle des richesses venant de l'Orient. La république indépendante fut abolie par Napoléon en 1808.

Dubrovnik est étroitement gardée par de vieux remparts crénelés et des donjons dissimulés par un écran de palmiers et d'orangers. Le pont-levis n'enjambe plus qu'un fossé plein de fleurs, et l'escalier qui lui succède ne parvient pas à être sévère malgré le décor médiéval. La vie se concentre dans une unique grande rue, la Placa, artère large et droite d'où la circulation automobile est bannie. Jalonnée de boutiques, cette voie perpétue la division de la cité : au nord, les ruelles en escaliers, fleuries de géraniums, prennent appui sur les contreforts du mont Saint-Serge ; au sud, sur le promontoire rocheux qui lui offrait une protection efficace, s'est élevée la ville romaine de *Ragusium*. Au XIIIᵉ siècle, les deux bourgades, séparées par un canal peu profond, s'unirent pour former Raguse. Le canal comblé devint la Placa, également appelée Stradun.

Tout est à voir dans cette ville-musée : l'admirable fontaine à coupole d'Onofrio ; le couvent des franciscains, son cloître de dentelle et sa petite pharmacie, en activité depuis 1317 ; et, plus loin, ce coin Renaissance où la loggia de l'hôtel des Douanes voisine avec le palais des Recteurs, copie pas tout à fait conforme du palazzio Vecchio de Florence. Dans l'atrium du palais ont lieu des Jeux d'été, un festival musical et théâtral.

En quittant Dubrovnik pour Cavtat, on emprunte la route construite par les soldats français du général Marmont, duc de Raguse. Cavtat, l'ancienne Épidaure, se cache dans une forêt de pins et de cyprès. À Čilipi, non loin de là, à la sortie de la messe dominicale, les villageois, vêtus de leurs habits traditionnels, dansent, sur le parvis de l'église, les rondeaux dalmates. L'île de Lokrum, juste en face de Dubrovnik, est un endroit particulièrement séduisant, au point que l'empereur Maximilien de Habsbourg s'y fit construire un palais pour abriter ses amours.

▲
Sur sa presqu'île encore ceinturée de remparts, la vieille cité de Dubrovnik, qui disputa à Venise la maîtrise de l'Adriatique.
Phot. Loirat-C. D. Tétrel

▲
*Dubrovnik : le portique à arcades du palais des
Recteurs et, au fond, le palais Sponza où la république
indépendante battait monnaie.*
Phot. Garbison-Fotogram

Semis d'îles au large de Dubrovnik : Šipan, Lopud, Koločep sont couvertes d'un épais maquis de pins, de chênes verts et d'oliviers ; Mljet, parc national, est le seul endroit en Europe où l'on peut rencontrer des mangoustes, introduites dans l'île pour exterminer les serpents dont elle était alors infestée.

le Monténégro

Au pied du Lovćen, dans le massif de la Črna Gora («Montagne noire»), s'ouvrent les bouches de Kotor, véritable écharde liquide qui perce la falaise de calcaire gris et s'enfonce à plus de 50 km dans les terres. De la ville de Kotor, à l'abri derrière ses remparts, on ne distingue que des donjons et des églises. La route escalade une muraille de 1 000 m en 25 lacets — on les appelle ici «échelles» — dont cinq boucles dessinent un M. La légende veut que l'ingénieur chargé des travaux, pris de passion pour la reine Milena du Monténégro, ait confié au paysage le soin de proclamer l'inclination de son cœur.

Le littoral monténégrin est très accueillant grâce à ses plages de sable aux tons chauds — les seules de Yougoslavie. La végétation a une exubérance tropicale. Milocer abrite l'ancienne résidence d'été de la famille royale de Yougoslavie. Mais le clou de cette côte est Sveti Stefan, un village de pêcheurs transformé en hôtel. Autour des maisons Renaissance, bâties en pierres grises, s'étale une mer verte comme un lac de montagne. On comprend que lord Byron ait rêvé de vivre en ces lieux propres à exalter son génie littéraire. À proximité, la petite cité fortifiée de Budva a conservé son aspect médiéval. Ulcinj, enfin, jouxte l'Albanie : peuplée de musulmans, elle annonce l'Orient à la fois fastueux et pauvre. Sa plage blonde, longue de 12 km, marque la fin de la côte adriatique, qui, avec ses îles et ses baies, est un paradis pour la navigation de plaisance.

Un océan de pierres

«Ni forêts, ni verdure : des montagnes nues dressent dans le ciel de vertigineuses murailles de pierre, des mornes effrayants, calcinés, ravinés par le feu du monde primitif et restés là tels quels, avec leur couleur de braise éteinte ; tout un cataclysme pétrifié, qu'une main terrible aurait suspendu dans l'air...» Ainsi apparut à Pierre Loti le Monténégro de l'intérieur.

La légende raconte que, le septième jour de la création, le Seigneur, qui disposait encore d'un énorme sac de cailloux, se trouva fatigué. Ne sachant qu'en faire, il renversa le sac au-dessus du Monténégro... d'où ce paysage lunaire. En dehors de ce désert minéral, où l'on

▲
Entouré de montagnes, tapissé de plantes aquatiques, un des bras du lac de Scutari, véritable mer intérieure dont Monténégrins et Albanais se partagent les eaux poissonneuses.
Phot. Loirat-C. D. Tétrel

▶ *Enneigé une bonne partie de l'année, le mont Lovćen domine de toute sa masse les baies paisibles des bouches de Kotor.*
Phot. Loirat-C. D. Tétrel

ne s'attarde guère, il faut explorer le Durmitor, promu au rang de parc national, les campagnes verdoyantes de Nikšić, les forêts de conifères aux lacs sombres de montagne, les gorges impressionnantes de la Tara, de la Piva et de la Morača... Cetinje, l'ancienne capitale, est une bourgade endormie qui vit dans le souvenir du prince-évêque Petar II Petrovic Njegos, homme d'État et poète, qui chanta la liberté, l'héroïsme et la dignité humaine.

Ex-Podgorica, dévastée lors de la Deuxième Guerre mondiale, Titograd, la nouvelle capitale, est devenue une ville moderne, à l'urbanisme d'avant-garde.

Dans l'inventaire des richesses du Monténégro, il ne faut pas oublier le lac de Scutari (Skadarsko Jezero), la plus vaste étendue d'eau des Balkans, que la Yougoslavie partage avec l'Albanie. Il est très poissonneux, et on y trouve, notamment, une variété d'ablettes *(ukljeva)* vivant en bancs. Un épais tapis de nénuphars cache ses eaux turquoises, que sillonnent les barques des pêcheurs.

la Macédoine

À Skopje, la vie ne s'est pas arrêtée le 26 juillet 1963 à 5 h 17, même si l'horloge de la gare marque toujours l'heure du tremblement de terre qui a détruit la moitié de la ville. De la vieille cité, il reste peu de monuments remarquables, en dehors du vieux pont qui enjambe le Vardar. La ville nouvelle a été édifiée suivant les principes antisismiques inventés par des architectes japonais.

Aux environs, sur les flancs du mont Vodno, près de Nerezi, s'élève le merveilleux petit

Cinq siècles d'occupation turque ont profondément marqué la Macédoine et, sur le marché d'Ohrid, beaucoup de femmes de la campagne sont encore vêtues à l'orientale.
Phot. Loirat-C. D. Tétrel
▼

monastère de Sveti Pantelejmon, décoré de remarquables fresques byzantines du XIIe siècle. Tetovo, au pied du massif de Šar Planina, possède la seule mosquée d'Europe peinte extérieurement : l'islam interdisant la figuration du visage humain, la Sarena Džamija est couverte de fleurs multicolores.

Les montagnes de Macédoine sont parsemées de villages typiques comme Galičnik, où les mariages sont célébrés deux fois par an seulement et suivant un cérémonial haut en

couleur, et Lazaropole, où l'on fabrique le *kackavalj*, un fromage qui ressemble au cantal, et des tapis aux motifs orientaux. Les paysans y vivent en *zadruga*, système familial communautaire des Slaves du Sud. Le monastère de Jovan Bigorski renferme une belle iconostase en bois sculpté et doré du XVIIIe siècle. Les gorges de la Crni Drim conduisent à Struga, où le marché du samedi est une mosaïque de costumes nationaux, parmi lesquels se détache la tunique de laine grenat des Albanaises.

Des lacs
pas comme les autres

Ohrid, c'est avant tout un lac, aux eaux si limpides qu'elles laissent apercevoir le fond, coloré par des algues vertes et des calcaires rouille. Ohrid, c'est également un centre religieux, où la piété des temps passés s'est exprimée dans de nombreuses églises. Humbles

◀

Sarena Džamija, la «mosquée bariolée» de Tetovo, est entièrement recouverte, à l'extérieur comme à l'intérieur, de peintures décoratives à motifs floraux ou géométriques.
Phot. Loirat-C. D. Tétrel

▲

L'église Sveti Jovan Kaneo (Saint-Jean-de-la-Canée), qui semble contempler le lac d'Ohrid du haut de son promontoire, est typiquement byzantine.
Phot. Loirat-C. D. Tétrel

de cormorans dressés, comme en Chine. À Tikves, au cœur de la Macédoine, dans cette Californie yougoslave, les vendanges sont célébrées, pendant trois jours, exactement de la même manière qu'autrefois, et on peut y entendre encore les « mélos » populaires.

la Bosnie-Herzégovine

Cette république est formée par l'union de la Bosnie, au nord, et de l'Herzégovine, au sud. La Bosnie est un pays fermé — fleuves et torrents forment ses frontières naturelles — et difficile d'accès en raison de sa constitution fortement montagneuse. Ses épaisses forêts sont peuplées d'ours bruns, de loups, de chevreuils, de chamois et de sangliers. Les organisations cynégétiques locales proposent des chasses de gros gibier à l'ancienne qui nécessitent de longues marches derrière les chiens. Faisans, perdrix, cailles, lièvres abondent, que l'on peut tirer, comme d'ailleurs dans les autres réserves de chasse de Yougoslavie. Les touristes qui préfèrent la pêche seront également comblés : les rivières hébergent près de 160 espèces de poissons, dont certaines sont rares : le huchon de la Neretva *(slavatica)*, les picarels *(ostraljä)* de l'Herzégovine, la truite californienne de la Trebisnjica et de la Pliva.

Les amateurs d'émotions fortes, quant à eux, effectueront la descente des gorges de la Drina en radeau. On ne sait ce qu'il faut admirer le plus, l'habileté des bateliers ou la beauté sauvage de ce Colorado européen. De Goražde à Višegrad, la Drina se glisse entre deux murailles de roche dans un canyon large de 12 m : c'est la partie la plus impressionnante du parcours, car le courant, étranglé dans cette anfractuosité, est d'une rare violence.

d'aspect, elles sont décorées intérieurement de fresques superbes annonçant Giotto.

À Peštani, les villageoises semblent vivre sur la plage, où, du matin au soir, elles lavent leur linge. Dans les auberges du lac, il faut déguster la truite saumonée *belvica* que l'on ne pêche que là et qui, arrosée de vin blanc d'Ohrid, est un régal.

Sur un promontoire rocheux, à proximité de l'Albanie, saint Naum a fondé, au Xe siècle, un monastère devenu lieu de pèlerinage. Au creux d'un vallon, dans les montagnes bordant le lac Prespa, les moines orthodoxes ont bâti, en 1191, la modeste chapelle Sveti Djordje de Kurbinovo. On peut y voir des peintures murales extraordinaires : les visages des saints, des anges et des bergers expriment une mélancolie pressentant, dirait-on, le grand saut dans la nuit de l'islam. Sur le lac Dojran, à la frontière grecque, la pêche se pratique à l'aide

▲
Dans le quartier des artisans de Sarajevo, la Bašča-ršija, mosquée bâtie par les Turcs au XVIe s., sert de point de ralliement à des nuées de pigeons.
Phot. Loirat-C. D. Tétrel

▶
Métropole bogomile de Radimlje : les stèles sont gravées de mystérieux symboles et de personnages levant une main disproportionnée.
Phot. Loirat-C. D. Tétrel

Sarajevo et la Bosnie :
une ville à deux faces

Avec ses mosquées, ses minarets et ses maisons turques, la Bosnie-Herzégovine évoque irrésistiblement l'Orient : le pays a vécu cinq siècles sous la férule ottomane, et, jusqu'en 1950, les femmes portaient le voile. Sarajevo, la capitale, a pourtant deux visages : celui d'une cité autrichienne, avec ses larges artères bordées d'immeubles baroques, et celui d'une ville orientale aux ruelles jalonnées d'échoppes. Dans la Baščaršija — le bazar —, des artisans, chaudronniers, orfèvres, cordonniers, offrent un choix sans cesse renouvelé d'objets fabriqués sous les yeux des clients.

C'est à l'extrémité du pont Princip, qui franchit la Miljacka, que, le 28 juin 1914, un jeune nationaliste abattit le prince héritier et son épouse. Deux balles qui allaient coûter la vie à près de neuf millions d'hommes, puisqu'elles déclenchèrent la Première Guerre mondiale.

La diversité humaine, maintes fois constatée en Yougoslavie, atteint son summum à Prnjavor, surnommée « la petite Europe » : les habitants de cette localité sont originaires d'une dizaine de pays différents. Dans les villages des environs de Tuzla, cernés par une multitude de pruniers, des paysans à grosse moustache distillent une eau-de-vie de prune, la populaire *sljivovica*.

À Jajce, où chaque mercredi se tient le marché, les femmes arborent de longues robes de drap feutré et des tabliers tissés comme des tapis, les hommes portent la culotte collante et un gilet orné de franges ; ils sont chaussés d'*opancis*, sandales de cuir à la pointe recourbée. Travnik et ses mosquées conservent le souvenir des vizirs. Dans les campagnes, on découvre parfois un spectacle pour le moins surprenant : les hommes tricotent pendant que les femmes labourent les champs !

Mostar et l'Herzégovine :
le message des bogomiles

Mostar, dont le nom signifie « vieux pont », a toutes les apparences de l'Orient : les maisons, aux murs percés d'étroites fenêtres, sont peintes de couleurs criardes et, dans les jardins abrités par de hautes murailles, c'est une profusion de fleurs. Le Vieux Pont, construit voilà quatre siècles, enjambe hardiment la Neretva, d'une seule arche en dos d'âne. L'été, moyennant quelques dinars, des jeunes gens plongent de ses 20 m de hauteur dans les eaux bleues du fleuve.

À Počitelj, bourgade des environs habilement restaurée par de jeunes architectes, le cerisier est roi. Lorsque les fruits sont mûrs, on célèbre une grande fête païenne ; sous les peupliers, les femmes tournent les broches où rôtissent les agneaux, tandis que les vieux chantent les antiques *kolos* (rondes populaires), au son des *guzlas* (violes à une corde).

En 395, lors du partage du pays entre Rome et Byzance, la Drina servit de frontière et délimita les zones d'influence des Églises catholique et orthodoxe, qui ne s'en livrèrent pas moins à une implacable lutte. Comme dans la fable, ce fut un troisième larron qui triompha, en l'occurrence les bogomiles, ancêtres spirituels des cathares du Languedoc. Déclarés hérétiques aussi bien par le pape que par le patriarche de Constantinople, les bogomiles

▲ Vu de la tour Tara, qui, sur la rive gauche, servait jadis de poudrière, le tablier en pente de Stari Most, le « vieux pont » construit à Mostar par les Ottomans.
Phot. Bordas-Fotogram

furent persécutés par tous et ne trouvèrent leur salut que dans une conversion à l'islam. Ainsi se créa, en plein cœur de l'Europe chrétienne, une enclave musulmane. Ces « purs » nous ont laissé de curieuses stèles sur lesquelles ils ont gravé leur message mystique. À Radimlje, la route traverse la plus grande nécropole bogomile : 133 tombes naïvement sculptées.

▲ Mostar : les maisons colorées du quartier de Kujundžiluk ont été bâties par les Turcs au XVIe siècle, après le séisme qui secoua la ville.
Phot. Loirat-C. D. Tétrel

▶ Stari Most : le « croissant pétrifié » de Mostar, dont l'arche en dos d'âne enjambe la Neretva à 20 m de hauteur, est édifié sans ciment, avec des pierres assemblées par des crochets de fer.
Phot. Loirat-C. D. Tétrel

la Serbie

Belgrade, la ville blanche fondée par les Celtes, fut incendiée de nombreuses fois au cours des siècles. C'est le centre économique et politique de la Serbie. La citadelle Kalemegdan domine le confluent de la Save et du Danube, un Danube qui n'est bleu que pour Strauss. Le quartier de Skadarlija — le Montmartre belgradois — est le rendez-vous des poètes, chanteurs et artistes, qui souvent se produisent dans la rue. Grâce à de modernes hydroglisseurs, on peut se rendre au barrage du Djerdap en franchissant le défilé des Portes de Fer. Lors des travaux de terrassement furent découverts les restes de Lepenski Vir, une ville appartenant à une civilisation inconnue, vieille de 8 000 ans.

Dans les vallons du Pomoravlje se dressent les monastères orthodoxes appartenant à l'école de la Morava. Grâce aux dons des monarques serbes, ces couvents furent d'actifs centres artistiques et culturels. Les églises sont couvertes de fresques antérieures aux chefs-d'œuvre italiens de la Renaissance. On oublie trop souvent cet Orient auquel notre civilisation occidentale doit tant. Le monastère de Sopo-ćani forme la plus merveilleuse synthèse de l'Orient byzantin et mystique et de l'Occident vénitien et pragmatique.

Si Pirot est connue pour ses tapis tissés, Niš l'est pour sa tour des Crânes, évoquée par Lamartine au retour de son voyage en Orient.

▲
Protégé contre l'envahisseur ottoman par une couronne de murailles et de tours crénelées, un des monastères-forteresses de la vallée de la Morava, celui de Manasija.
Phot. Loirat-C. D. Tétrel

▶
Fidèlement restaurée et repeinte dans sa couleur originelle, l'église du monastère de Žiča se rattache au groupe dit « école de Raška », qui éleva au XIIIᵉ s. des édifices inspirés du style roman.
Phot. R. Thuillier

La région autonome
de Vojvodine :
on y chante en travaillant

Située au nord de Belgrade, cette région autonome constitue le grenier de la Yougoslavie. Les paysans, excellents travailleurs, sont d'humeur joyeuse, toujours prêts à s'amuser, à chanter et à danser au son des *tamburas*.

Novi Sad, la capitale, est dominée par l'imposante citadelle de Petrovaradin, construite à la Vauban ; cet ouvrage défensif est partiellement transformé en complexe hôtelier. Le massif boisé de la Fruška Gora, avec ses seize monastères, est devenu parc national : on y produit le *fruskogorski biser*, le champagne yougoslave.

À Uzdina, sept paysannes se sont groupées en coopérative artistique et réalisent des peintures naïves maintenant très réputées.

La région autonome
du Kosovo :
un sommet de l'art serbe

Située au sud de la Serbie, la région autonome du Kosovo est principalement peuplée d'Albanais. Dans le patriarcat de Peć, siège suprême de l'Église orthodoxe serbe, quelques moines barbus veillent sur les trois églises accolées à celle des Saints-Apôtres, datant du XIIIe siècle, et sur la chapelle Saint-Nicolas. Le monastère de Dečani est un livre d'images aux mille personnages : il constitue l'un des sommets de l'art serbe. Rugovo est connu pour son défilé et pour la danse endiablée au cours de laquelle les hommes simulent un duel rythmé par les coups de tambours.

Prizren a conservé son architecture orientale : son marché, le mercredi, est envahi par des paysannes albanaises descendues des montagnes voisines.

Le Kosovo est une région économiquement arriérée. En ville, on peut voir des automobiles côtoyer des charrettes tirées par des buffles, et des immeubles ultra-modernes à côté de maisons de boue séchée ■ Pierre D'URSEL

l'Albanie

Coincée entre la Yougoslavie et le nord-est de la Grèce, la petite Albanie a des dimensions comparables à celles de la Belgique, mais ne compte que deux millions et demi d'habitants. Ce pays montagneux et sous-peuplé, qui résista héroïquement aux Romains, aux Bulgares et surtout aux Turcs, parvint à se libérer, pratiquement sans aide, du joug de l'Italie fasciste et devint une démocratie populaire. Très lié avec la Chine, il fut longtemps la nation la plus secrète et la plus fermée d'Europe : une sorte de camp retranché, dont la population, naguère musulmane, était mobilisée pour l'édification d'une nouvelle économie industrielle et rurale.

L'Albanie, dont la capitale est Tirana, s'ouvre lentement au tourisme pourvoyeur de devises. Semée d'anciennes mosquées et de bourgades d'aspect oriental, dotée d'un réseau routier encore médiocre, elle ressemble quelque peu à la Corse quant aux paysages, mais son climat est nettement plus humide. Ce pays balkanique, aux reliefs marqués, possède sur l'Adriatique, face au talon de la botte italienne, une longue façade littorale où pourraient être aménagés d'importants ensembles balnéaires. Pour le moment, les touristes occidentaux sont rares, et l'on se soucie peu de favoriser les voyages individuels.

▲
Les quatre églises du patriarcat de Peć sont si bien agglutinées autour d'un vestibule commun qu'elles semblent n'en faire qu'une.
Phot. Loirat-C. D. Tétrel

▶
Jadis citadelle d'un seigneur monténégrin, l'îlot de Sveti Stefan, relié au rivage par un cordon de sable, est devenu un luxueux village-hôtel.
Phot. Boubat-Top